Sonderzahl

Jaroslav Rudiš

Durch den Nebel

Drei Erzählungen über das Erzählen

Stefan Zweig Poetikvorlesungen

Band 8

Sonderzahl

Herausgegeben von

Universität Salzburg, Fachbereich Germanistik und dem
Stefan Zweig Zentrum, Literaturforum Leselampe

Uta Degner, Christa Gürtler und Clemens Peck

2. Auflage 2022

Gesetzt aus der Adobe Caslon Pro und der Graublau Sans
Druck: Booksfactory
ISBN 978 3 85449 605 2

Umschlag nach einem Entwurf von Thomas Kussin

Inhalt

I.

Im Perronnord

Ich sitze im *Perronnord* in St. Gallen, in einem Lokal mit Bahnblick, wie es auch sein sollte, wenn ein Lokal *Perronnord* heißt. Ich trinke ein Bier. Ein kleines Bier, eine Stange, wie man hier sagt. Ich mag Wirtshäuser mit Bahnblick, weil ich die Eisenbahn mag. Ich bin ein Eisenbahnmensch, wie der beinah hundertjährige Wenzel Winterberg in meinem Roman *Winterbergs letzte Reise* es auch über sich sagt. Sehr viel Zeit verbringe ich im Zug und nie ist es verlorene Zeit. Auch dann nicht, wenn ich den Anschluss verpasse und mit Verspätung ans Ziel komme. So wie heute.

Ich sitze am Fenster, ein wenig müde von der langen Reise in die Schweiz, und schaue mich um. Wie im Zug warte ich auch im Wirtshaus immer auf die Gäste und ihre Geschichten. Manchmal werde ich gefragt, wie man Bücher schreibt. Und ich kann es selbst nicht genau sagen. Doch eins sage ich immer, zuhören, ins Gespräch kommen oder auch nur das Geschehen beobachten, einfach ein wenig aufpassen, damit man nichts verpasst. Etwas, was man später niederschreiben kann.

Noch am selben Abend.

In einem Jahr.

Oder auch zwanzig Jahre später.

Oder auch nie.

Denn nicht alles muss erzählt werden. Und doch bin ich immer auf der Suche. Oft geht man in diesem Wirrwarr von Stimmen und Geräuschen und Erzählungen verloren wie im Wald. Wie im Meer. Oder wie in einem dichten Nebel. Doch in diesem Nebel findet man auch manchmal Geschichten, die man weitererzählen möchte. Man begegnet jemandem, über den man schreiben will. Aus dem Wirtshaus oder dem Zug nimmt man immer etwas mit, auch wenn es nur ein einziges Wort, ein einziger Satz oder ein Dialogfetzen ist.

Das Lokal ist sehr gut gefüllt. Es ist auch für das wunderbare Cordon Bleu weltbekannt oder zumindest hier in St. Gallen legendär. Heute sitzen hier offenbar gleich mehrere Fußballspieler und Fußballmenschen vom FC St. Gallen 1879, dessen Clubfarben Grün und Weiß sind, was nicht zu übersehen ist.

Ich trinke Bier und muss an die Kneipe *U Stadionu* denken, *Zum Stadion,* in Lomnice nad Popelkou im Böhmischen Paradies, wo ich herkomme und wo gerade auch mein Vater sitzt und ein Bier trinkt. Und wo keine Fußballspieler, sondern Eishockeyspieler sitzen, die allerdings nicht in der Credit Suisse Super League spielen, wie die Fußballspieler vom FC St. Gallen 1879, sondern nur in einer kleinen Bezirksliga.

Die Eishockeymenschen in Lomnice essen auch nicht Cordon Bleu, sondern ganz einfache Wasserleichen, die in Essigsud eingelegten Würstchen, die tatsächlich wie kleine blasse Wasserleichen aussehen und die man in Böhmen oft als Kleinigkeit zum Bier bekommt. Es werden auch Presssack und der stinkende Bierkäse serviert. Immer am Mittwoch gibt es dann hausgemachte Schweinshaxe. Das ist ein kulinarischer Höhepunkt der Woche in Lomnice nad

Popelkou. An dem Abend muss man in der Kneipe reservieren.

Das Bier, so glaube ich zumindest, schmeckt in Lomnice ein wenig feiner als in St. Gallen. Ein wenig voller und runder und auch hopfiger, mit fast sahniger Schaumkrone. Das Bier, das in St. Gallen getrunken wird, ist eher ein einfaches Bier. Womit ich allerdings nicht sagen möchte, dass es ein schlechtes Bier ist. Nein, ist es nicht, es ist auf eine unauffällige Art sogar sehr gut. Und betrunken wird man sicher auch. Benebelt, wie *U Stadionu* ein alter Rangierer sagt, der hier Stammgast ist, so wie mein Vater. Und verkatert wird man am nächsten Tag sowieso. Hier wie dort. Der Kater ist in St. Gallen und in Lomnice nad Popelkou eine Sicherheit. Eine Garantie, wie der alte Rangierer auch sagt. Dieser unerträglich schwere Morgen ist etwas, was uns in Mitteleuropa ähnlich verbindet wie die Schienen der Eisenbahn. Und die Geschichte. Diese gemeinsame, schwere und komplizierte Geschichte, die man nüchtern nicht immer ertragen kann.

Ich trinke die nächste Stange. Das Bier in St. Gallen ist etwas einfacher im Geschmack, nach Hopfen und Malz muss man im Glas ein wenig suchen und dann ist das kleine Glas auch schon leer. Eigentlich haben es sich die Schweizer sehr gut ausgedacht. Eine Stange muss man schnell trinken und gleich nachbestellen, um wieder nach Hopfen und Malz im Glas zu suchen.

In Böhmen trinkt man das Bier langsamer, dafür sitzt man beim Bier aber auch oft länger. Man geht immer auf eins, doch das bedeutet immer drei, vier, fünf, sechs. Ja, manchmal auch zehn. Aber was man sich dabei nicht alles anhört. Was man dabei nicht alles erlebt. Ganze Welten öffnen sich.

Das Cordon Bleu kann ich nicht vergleichen, denn Cordon Bleu serviert man *U Stadionu* in Lomnice nicht, so wie man in *Perronnord* keine Wasserleichen, Presssack, Schweinshaxe oder Bierkäse serviert. Doch auch hier lassen das Bier und das Essen die Menschen zusammenkommen und Geschichten erzählen. Oder auch nicht.

Und so sitze ich im *Perronnord*, esse Cordon Bleu, das tatsächlich vorzüglich schmeckt, wie ich schon von früher weiß, und denke an meinen Vater und seine Trinkkumpanen in der Kneipe *U Stadionu*, die vermutlich nicht wissen, wo genau in der Schweiz St. Gallen liegt, so wie hier in St. Gallen vermutlich niemand weiß, wo genau in Tschechien Lomnice nad Popelkou auf der Landkarte zu finden ist. Aber vielleicht würden sie Liberec finden, das alte Reichenberg, die Partnerstadt von St. Gallen. Oder vielleicht auch nicht. Man muss auch nicht alle Orte kennen und alles wissen. Das geht auch nicht. Wer das behauptet, ist verloren.

Ich trinke also noch ein Bier und denke an die Eishockeygeschichten aus Lomnice und höre mir weiter die Fußballgeschichten aus St. Gallen an, die ich nicht so ganz verstehe, was nicht nur mit der Sprache zu tun hat, mit dem komplizierten Dialekt, der hier in der Ostschweiz gesprochen wird, sondern vielmehr damit, dass ich ein Eisenbahnmensch und kein Fußballmensch bin. Und eher wenig Ahnung von Fußball habe, was mich oft ärgert, da Fußball auch alles und alle verbindet, ziemlich sicher sogar mehr als das Eishockey.

Aus dem Gespräch am Tisch hinter mir verstehe ich, dass es für den FC St. Gallen 1879 gerade richtig gut läuft in der

Credit Suisse Super League, was man leider über den Eishockeyclub Lomnice nad Popelkou, gegründet 1920, Clubfarben Weiß und Blau, nicht unbedingt sagen kann. Das letzte Spiel gegen Turnov haben die Lomnitzer 12:2 verloren.

Auch für mich war es ein schweres Spiel. Denn ich bin in Turnov geboren, da sich auch damals schon die Entbindungsklinik der Region in dieser Stadt befand. In Lomnice bin ich aufgewachsen, in der Kavánová ulice, benannt nach dem Landschaftsmaler František Kaván, der mal aus Böhmen fort und nach Paris ging, wo er auch richtig erfolgreich war, und dann wieder aus Paris nach Böhmen zurückkehrte, wo man ihn bis heute sehr schätzt. Kaván fand seine Inspiration immer wieder auch im Böhmischen Paradies.

In Lomnice ging ich auf die Grundschule. Vermutlich ist hier auch mein erster literarischer Text entstanden. Mit etwa 13 habe ich die Durchfahrt eines Güterzuges literarisch beschrieben. Schon damals liebte ich die Eisenbahn, las Kursbücher und Dienstvorschriften der Tschechoslowakischen Staatsbahnen. Ich wollte unbedingt Lokführer werden, doch wegen meiner Sehschwäche hat es leider nicht geklappt. So verschlug es mich ans Gymnasium und ich kehrte erneut zurück nach Turnov, wo ich dann mein erstes Theaterstück geschrieben habe.

Lomnice und Turnov – mit beiden Orten fühle ich mich verbunden. Solche Orte sollten nicht gegeneinander Krieg führen, nicht mal im Eishockey. Am Abend der Lomnitzer Niederlage wurde in der Kneipe *U Stadionu* ordentlich Sarglack getrunken, erzählte mir mein Vater. Sarglack sagt man in Lomnice zu Fernet. Sarglack trinkt man, wenn man in Lomnice sehr traurig ist. Wenn jemand zu Grabe getragen wird. Wenn jemand unser Land mit Panzern überrollt, so wie die Nazis 1939 oder die Sowjets 1968. Oder eben, wenn man im Eishockey verliert.

Was man in St. Gallen trinkt, wenn jemand stirbt, wenn man traurig ist und ein Fußballspiel verliert, kann ich nicht sagen. Die hiesigen Fußballmenschen scheinen glücklich zu sein und trinken Bier und Wein. Die Panzer der Wehrmacht oder der Sowjetarmee kennt man hier nur aus den alten Zeitungen oder aus dem Fernsehen. Was für ein großes Glück in diesem mitteleuropäischen Unglück.

Doch ich weiß, dass einer der Freunde, auf den ich im *Perronnord* gerade warte, auf dessen Geschichten ich auch warte, immer einen Espresso mit Grappa bestellt, wenn er traurig ist. Und traurig ist er eigentlich immer. So wie jeder, der sich für Geschichte interessiert und historisch durchschaut, wie mein Protagonist Wenzel Winterberg unermüdlich sagt. Wer die europäische Geschichte kennt, kann nur schwer Optimist sein. Doch Espresso und Grappa müssen noch warten. Mein Freund, Musiker, Journalist und Geschichtenerzähler, ist noch nicht hier.

Es ist schon spät am Abend und ich schaue aus dem Fenster. Es beruhigt mich, dass ich den Bahnhof und die Züge sehe. Im leichten Nebel ragt über der Bahnhofshalle, einer Konstruktion aus Glas und Stahl, ein großer Turm mit einer riesigen, ein wenig strengen Uhr empor. So groß und mächtig, wie man es nur von den größten Bahnstationen in Europa kennt, vom Bahnhof St. Pancras in London oder der Gare de Lyon in Paris.

Ich mag die Bahnhofsuhren, die unsere Zeit vermessen. Ich mag die Bahnzeit. Ich mag alte Bahnhöfe, egal ob groß oder klein. Und ich mag Kneipen und Cafés und Hotels, am liebsten mit Bahnblick. Doch vor allem mag ich Züge.

Züge erzählen Geschichten. Auch eine gemeinsame Geschichte, eine große europäische Erzählung. Überall, wo ich Züge sehe, überall in Europa, wo es einen Bahnhof und einen Bahnanschluss gibt, fühle ich mich zu Hause.

Diesen Gedanken lieh ich mir von einem anderen Schweizer Freund aus. Er stammt aus Lenzburg und lebt als pensionierter Journalist und leidenschaftlicher Eisenbahnmensch schon lange in Wien. Er wuchs am Bahnhof auf. Und überall, wo er Schienen sieht, erzählte er mir mal im Zug über den Semmering, sieht er auch den Bahnhof von Lenzburg.

Es sind die Eisenbahnschienen, die alles und alle in Europa verbinden und zusammenhalten. Überall kann ich einsteigen und weiterfahren und durch Europa reisen. Oder auch tatsächlich nach Hause fahren. Nach Berlin, wo ich heute lebe. Nach Lomnice nad Popelkou, wo ich herkomme. Nach Prag. Oder nach Liberec, in das alte Reichenberg, in die deutschsprachige Hauptstadt von Böhmen, die erstaunlich viele Ähnlichkeiten mit St. Gallen hat und wohin ich auch immer wieder zurückkehre.

Es sind aber auch Geschichten, in die man einsteigen kann und die uns verbinden. Die guten Geschichten. Die schlechten Geschichten. Das alles bildet eine einzige große mitteleuropäische Erzählung, von der wir alle mit unseren Sorgen und Freuden ein Teil sind. Mit unserem Glück. Mit unserem Rausch. Mit unserem Unglück. Mit unserem Bier. Mit unserem Kater.

Bahnzeit in Selzthal, Österreich

Ich sitze immer noch im *Perronnord* und warte auf die Gäste und ihre Geschichten, schaue auf die große Bahnhofsuhr, auf die Bahnzeit, die alles regelt, und vergesse dabei ein wenig die reale Zeit. Ich schaue auf die Züge und keine Ahnung, warum ausgerechnet hier und jetzt, denke ich an die tragische Erzählung *Bahnwärter Thiel* von Gerhart Hauptmann, die an der Bahnstrecke zwischen Erkner und Fürstenwalde in Brandenburg spielt. Vielleicht, weil hier in der Schweiz alles auf den ersten Blick so glücklich aussieht und in dieser Erzählung alles so unglücklich ist. Immer, wenn ich auf der Strecke bei Erkner im Zug sitze, schaue ich nach dem Ort am Straßenübergang, wo einst das kleine Gebäude stand, in dem Thiel seinen Dienst verrichtete.

Das kleine Buch hat mich damals stark mitgenommen. Wenn ich mich nicht irre, war es auch die erste Erzählung, die ich auf Deutsch las. Wer weiß, vielleicht hat die Lektüre auch die Geschichte von Alois Nebel über den Fahrdienstleiter aus dem Altvatergebirge beeinflusst. Vielleicht steckt in Alois Nebel ein wenig von Thiel. Thiel ist in seiner zweiten Ehe nicht gerade glücklich. Vielleicht ist es die Eisenbahn, die seinem Leben ein wenig Sinn gibt. Der Dienst im Bahnwärterhäuschen. Und die Liebe zu seinem Sohn, der durch die Eisenbahn zu Tode kommt. Danach dreht er durch.

Alois Nebel ist einsam. Er führt gar keine Beziehung, er lebt nur mit seinem Kater und mit seiner Sammlung alter Kursbücher. Die Lektüre beruhigt ihn, denn das Kursbuch ist für ihn die Heilige Schrift. Hier ist die Welt in Ordnung. Immer wieder die gleichen Züge, wie vor fünfzig oder hundert Jahren. Und über alle und alles waltet die Göttin der Eisenbahn, die Bahnzeit. Nach der Schicht geht Alois in die Bahnhofskneipe und trinkt sein Bier. Und schaut auf die Züge, die ihn nicht nur beruhigen, sondern auch wahnsinnig machen, denn er weiß, wohin die Gleise in Europa führen können: In den Krieg. In die Vernichtung. In die Vertreibung.

Ich sitze immer noch im *Perronnord* und schaue auf die Züge und denke an meinen Vater, der gerade in der Kneipe *U Stadionu* sein Bier trinkt, und dann denke ich an den Schriftsteller Peter Bichsel, der vielleicht gerade in Solothurn im Gasthaus *Kreuz* sitzt und den Geschichten zuhört. Er schreibt auch genau über das, was er hört. Zumindest kommt es mir so vor. Und auch er ist ein Eisenbahnmensch.

Ich denke auch an Thomas Bernhard, wie er gerade in Gmunden im *Gasthof zum Schwan* sitzt. Und an Bohumil Hrabal im Wirtshaus *Zum Goldenen Tiger*. Und an Jaroslav Hašek. Doch das kann nicht sein, die sind alle doch schon lange tot. Oder doch nicht?

Als ich mal in Gmunden im *Gasthof zum Schwan* war, saßen in der Schwemme beim Bier drei Holzfäller mit einem Hund, der Tscheka hieß. Tscheka kläffte, die Männer kläfften. Und das laut und pausenlos. Wie auf der Bühne. Wie in einem Theaterstück. Jeder führte seinen Monolog, seine Litanei, wie so oft im Wirtshaus. Solange die letzte Schwemme und Kneipe und Schenke in Mitteleuropa nicht schließt, bleiben wir am Leben. Und die Autoren, die gerne in Wirtshäusern sitzen, auch.

Die Wirtshäuser sind Orte, an denen man für immer bleibt, unsterblich wird. Erst wenn nichts mehr erzählt wird, wenn das letzte Bier ausgetrunken ist und das letzte Lokal dicht macht, sind wir alle tot. Und mit uns sterben die Geschichten.

Und plötzlich sind meine Freunde da. Wir stoßen mit den Stangen an. Die Freunde waren im Theater, sie schauten sich *Biedermann und die Brandstifter* von Max Frisch an und üben gerade die sogenannte Theaterkritik.

Das Stück wurde recht klassisch und ein wenig konservativ umgesetzt, doch die Vorstellung war voll und das Publikum begeistert, so wie immer, wenn in der Schweiz Max Frisch aufgeführt wird.

Tschechow dagegen kommt in der Schweiz nicht gut an, wie ich gerade erfahre. Tschechow ist in der Schweiz absolutes Kassengift und die anderen Russen auch, sagt einer der Freunde, was ihm irgendwann mal eine Dramaturgin eines Schweizer Theaters verriet.

Wir trinken Bier und meine Freunde bestellen auch Cordon Bleu, denn nach dem Theater bekommt man Hunger. Sie nehmen jetzt nicht nur das Schnitzel, sondern auch weiter die heutige Premiere auseinander. Doch es ist eine konstruktive, versöhnliche Kritik.

Das Stück ist eben ein Schweizer Klassiker aus dem Jahr 1958. Schon seit Schulzeiten kennen meine Freunde weite Teile von diesem politischen Stück auswendig, so wie auch von einem anderen Stück von Max Frisch, *Andorra.*

Sie mögen auch das St. Galler Theater, so wie sie auch ihre Stadt St. Gallen mögen, auch wenn es hier immer wieder etwas zu kritisieren gibt, das gehört zu einer Liebesbeziehung dazu. Noch mehr mögen sie einen von uns, der als Schauspieler in dem Stück heute zu sehen war. Schon vor zehn Jahren hatte er in einer anderen Inszenierung von Max Frisch mitgewirkt. Was heißt mitgewirkt, da hat er sogar die Hauptrolle spielen dürfen, den reichen Haarwasser-

Zürich HB, im Nebel und Regen

fabrikanten Biedermann. In der neuen Inszenierung verkörpert er einen „Dr. phil.“, wie die Figur im Stück tatsächlich heißt. Und er ist auch im Chor zu hören und zu sehen. Nein, er sei nicht traurig, dass er diesmal nicht die Hauptrolle spiele. Wer weiß, vielleicht wird er in zehn Jahren wieder die Hauptrolle bekommen.

Meine Freunde reden und essen und trinken und die Theatergeschichten vermischen sich mit den Fußballgeschichten und mit den Eisenbahngeschichten hinter den Fenstern des Lokals, so wie jede gute Erzählung ihre Schichten zusammenführt. Obwohl ich das Frisch-Stück mal gelesen habe, kann ich nicht wirklich mitreden, da ich wegen der doppelten Zugverspätung zwischen Berlin und München und München und St. Gallen die Premiere verpasste. Und so war ich schon viel früher im *Perronnord* und habe einen ziemlich großen Vorsprung, was das Biertrinken angeht. Da sollte man eher zuhören und schweigen.

Die nächsten Stangen landen auf dem Tisch. In der Kneipe *U Stadionu* in Lomnice, wo gerade mein Vater sitzt und mit den Eishockeymenschen Bier trinkt, gibt es keine Stangen, keine kleinen Biere. Bier wird traditionell in Halbliterkrügen gezapft. Kleine Biere trinkt man nur, wenn man krank oder schwanger ist, würde mein Vater sagen. Doch hier in der Schweiz ist es anders.

So trinke ich schon das nächste kleine Bier und denke darüber nach, dass ich mein erstes kleines Bier im Leben, meine erste Stange also, auch hier in der Schweiz getrunken habe, meine erste Stange überhaupt. Und was diese Entdeckung der Welt mit mir machte.

Es war nicht in St. Gallen, sondern in Zürich. Im April

1994 muss es gewesen sein, ich hatte damals ein kleines Stipendium in der Schweiz, es war mein erster längerer Aufenthalt im Ausland – und das gleich im Westen. Es war nach einer Theateraufführung, die ich damals nicht verpasste, weil ich nicht mit dem Zug, sondern mit einer Vorortbahn anreiste, mit der sogenannten Forchbahn. Seit diesem knapp vierwöchigen Aufenthalt fühle ich mich mit der Schweiz verbunden.

Eigentlich hätte ich mich danach einbürgern lassen können, denn wir lernten in einem sogenannten Crashkurs die Schweiz kennen. Geschichte, Politik und Kultur des Landes, einfach alles. Und auch die Eisenbahn, denn ich habe damals in der Schweiz nicht nur meine erste Stange getrunken, sondern ich bin auch zum ersten Mal mit der alten Gotthardbahn nach Lugano gefahren, ins Tessin, ohne zu wissen, dass hier einst Hermann Hesse lebte, von dem ich damals *Der Steppenwolf* las, der mit einer Erinnerung an Adalbert Stifter und dessen Unfall beim Rasieren beginnt. Stifter habe ich da noch nicht gelesen, das kam erst später.

Heute bin ich vor allem in Deutschland, in Tschechien, in Österreich, in Polen, in der Slowakei unterwegs, nicht nur als Reisender, aber auch als Autor, als Leser, als Eisenbahn- und Kulturmensch. So wie der alte Winterberg fühle ich mich auch mit der historischen Kulturlandschaft der ehemaligen Donaumonarchie irgendwo im Zug zwischen Triest und Lemberg verbunden, mit Zwischenhalten in Ljubljana, Wien, Prag, Budapest oder Krakau.

Und je älter ich werde, je mehr ich über die Geschichte weiß und je mehr ich mich auch im Nebel dieser sehr komplizierten Geschichte verliere, je mehr ich die Literatur lese, die hier entstand und entsteht, umso mehr empfinde ich es. Doch die Schweiz, die Schweiz darf ich nicht vergessen, die Schweiz gehört auch zu meinem Mitteleuropa, sage ich mir gerade im *Perronnord* und bestelle noch ein Bier.

Damals, im April 1994 also, schauten wir uns mit anderen Studierenden auch einen Schweizer Klassiker an: *Der Besuch der alten Dame* von Friedrich Dürrenmatt. Ein Drama über Liebe und Hass, Geld und Rache, über praktisch alles, was ein Drama zum Drama macht und was ein Drama braucht, um Drama zu sein. Und obendrein noch vielleicht ein wenig von dem schrägen, fast brutalen, sarkastischen Humor, der hier immer dabei sein muss. Und ja, was mir auch gleich gefallen hat, die alte Dame kommt mit einem Zug in Güllen an und als Gepäck hat sie einen Sarg für ihren ehemaligen Liebhaber Alfred, der sie verraten hat.

Das Stück wurde am Zürcher Schauspielhaus 1956 uraufgeführt. Ich sah mehrere Inszenierungen in Prag und Berlin und 2021 noch eine neue, sehr laute und intensive zeitgenössische Inszenierung, wieder in Zürich. Mit nur zwei Schauspielern, einem Mann und einer Frau, die alle Rollen großartig verkörperten. Und mit einer beeindruckenden Musikerin, die Berliner Techno auf die verspiegelte Bühne brachte und auf Englisch mehr geschrien als gesungen hat.

Und doch denke ich oft an den Theaterabend im April 1994 zurück. Vielleicht brachte mich diese Vorstellung endgültig zum Theater. Schon in Turnov im Gymnasium habe ich versucht zu schreiben, wir haben sogar ein Theater gegründet und eins der Stücke, das absurde Drama *Das Glasauge,* inspiriert von Eugène Ionesco, der auch mal in St. Gallen war, aufgeführt; und Václav Havel, spielen wir alle paar Jahre wieder, wenn wir uns mit Freunden treffen. Ein paar Gedichte habe ich damals zwar auch geschrieben, doch schnell kapierte ich, dass ich das nicht kann, höchstens als Songtexte. Die schreibe ich manchmal für Bands wie Umakart, Ille oder auch für unsere Kafka Band, deren Mitglied ich bin. Aber Theater, das hat mir schon immer großes Vergnügen bereitet – und so ist es auch heute noch.

Von dieser einen Vorstellung in Zürich habe ich ein paar vernebelte Bilder, an die ich mich noch erinnere. Es war, so glaube ich zumindest, eine sehr minimalistische Aufführung. Aber eine sehr intensive. Ich habe danach sofort die Romanfassung des Stückes gelesen und gleich noch weitere Bücher und Stücke von Dürrenmatt. Auf Tschechisch und auch auf Deutsch.

Als Eisenbahnmensch liebe ich natürlich die Erzählung *Der Tunnel,* wo es um eine irre Fahrt durch einen Tunnel geht. Der Tunnel wird immer länger, der Zug fährt immer schneller. Es ist düster, doch man muss auch immer wieder laut auflachen. So sollte es auch sein. Immer. Ohne Humor sind wir verloren.

Ich sitze im *Perronnord* und denke über Dürrenmatt und Theater nach und auch darüber, dass mich die Schweizer Kultur und Literatur vielleicht mehr prägte und prägt, als mir bewusst ist.

Wenn ich an Schweizer Literatur denke, dann fällt mir gleich noch *Der Mensch erscheint im Holozän* von Max Frisch ein, eine kurze Erzählung über einen alten Mann, dessen

Dorf im Tessin durch einen Bergsturz von der Welt abgeschnitten wird. Es regnet und regnet und regnet, man sieht kaum den eigenen Garten. Alle Verbindungen zur Außenwelt gehen im Nebel verloren, doch auch das Gedächtnis des Protagonisten verliert sich in einem unsichtbaren Nebel.

Der Mann versucht seine Erinnerungen aus diesen Nebelschwaden zu retten und sammelt Notizen, Aufzählungen, Schlaglichter und Zitate aus einer Enzyklopädie. Selten war ich von einem Buch so berührt wie von diesem. Und wieder Theater – neulich habe ich in Zürich am Schauspielhaus eine unglaubliche Inszenierung von *Der Mensch erscheint im Holozän* gesehen, wo es genauso heftig geschüttet hat wie in diesem kleinen Buch. Heftig geschüttet und wenig gesprochen, doch es wurde eigentlich alles erzählt.

Meine Freunde berichten oft, dass auch in St. Gallen das Wetter ungemütlich sein kann. Mit viel Regen, Schnee und Nebel. Ähnlich wie in Liberec, im böhmischen Reichenberg. Das kommt von der Lage der beiden Städte, die womöglich auch deswegen Partnerstädte sind. Die beiden Städte liegen in einem Tal, die Berge rücken sehr nah, vor allem der Stadtberg von Liberec, der steile Ještěd.

Doch da sollte man sich nicht täuschen lassen. Die Hügel um St. Gallen wirken dagegen zwar fast harmlos, der Säntis jedoch, der höchste Berg der Ostschweiz, ist nur eine Stunde mit Bahn und Bus entfernt und um ihn zu besteigen, braucht man mehr Kraft als im Fall von Ještěd. Mehr Kraft und auch mehr Mut.

Einmal habe ich es hoch geschafft, doch ich war froh, dass mich eine Seilbahn wieder herunterbrachte. Wir waren ein wenig leichtsinnig, wir hatten schlechte Schuhe und

Wassen, Schweiz – böses Wetter an der alten Gotthardstrecke

wenig Ausrüstung. Eigentlich gar keine Ausrüstung. Ein Wunder, dass wir diese Wanderung überhaupt überlebten.

Vielleicht ist es auch diese Erfahrung, die Erinnerung an diese waghalsige Alpenwanderung, die Nicolas Mahler und mich inspiriert hat zu einer Szene in der Graphic Novel *Nachtgestalten,* in der ein Prager Historiker versucht, in Sommerlatschen den Mont Blanc zu besteigen, und dabei natürlich scheitert. Er muss dann mit dem Rettungshubschrauber gerettet werden.

Ähnlich wie Wenzel Winterberg leidet der Historiker an der Geschichte. So wie Alois Nebel. Und so wie auch mein melancholischer Schweizer Freund, der gerade im *Perronnord* einen Espresso mit Grappa bestellt und ich muss zusehen, wie er sich in eine der beiden Figuren aus *Nachtgestalten* verwandelt. Ganz gleich, dass die Geschichte der Graphic Novel in Prag spielt. Sie könnte überall spielen.

Die Nachtgestalten ziehen von Haus zu Haus, sie betteln um das letzte Bier, sie erzählen und erzählen, denn sie wissen, dass das Erzählen vielleicht ihre einzige Rettung ist. Das Erzählen und auch der Humor. Die Ironie. Und auch die Selbstironie. Wer sich in Böhmen zu ernst nimmt, ist erledigt.

Ich sitze im *Perronnord* und denke darüber nach, dass man auf Tschechisch zum Bahnsteig auch *perón* sagt. Es klingt allerdings ein wenig veraltet im Vergleich zum heute gebräuchlicheren Ausdruck *nástupiště.* Dennoch duftet es nach alten Zügen, Bahnhöfen, Verbindungen wie aus einem historischen Kursbuch – etwa aus dem Baedeker von 1913, mit dem Winterberg in meinem Roman durch das Mitteleuropa von heute reist.

Es verströmt die Atmosphäre der Zeit von Franz Kafka, Max Brod, Stefan Zweig oder Jaroslav Hašek.

Ich mag das Bier und das endlose Erzählen, auch wenn man sich dort so oft verliert. Vielleicht geht es auch um dieses Sich-Verlieren. Wovor ich Angst habe, ist das Schweigen. Wenn man schweigt, ist man tot. Vielleicht wird in den Wirtshäusern deswegen so viel erzählt. Um sich und auch den anderen zu zeigen, dass man noch am Leben ist.

Wovor ich noch mehr Angst habe, sind humorlose Menschen. Die ganzen kleinwüchsigen, selbstverliebten Diktatoren zum Beispiel. Die Menschen, die keinen Humor haben, sollte man meiden. Dann doch lieber Schweigen, obwohl Schweigen an sich oft nichts Gutes bedeutet. So wie das schöne Wetter, damit kann ich auch nur wenig anfangen. Ich mag „böses Wetter", wie es im Winterroman *Das Schloss* von Franz Kafka heißt, der einmal mit dem Zug durch St. Gallen fuhr. Allerdings nicht im Winter, sondern im Sommer, als er im August 1911 mit Max Brod die Schweiz besuchte.

„Der Eindruck aufrechter, selbständiger Häuser in St. Gallen ohne Gassenbildung", notierte er kurz in seinem Tagebuch. Mehr nicht, denn dann war der Zug schon an der Stadt vorbeigezogen. Keine Zeit für die Barockkathedrale und die alte Stiftsbibliothek. Oder für ein Bier im *Perronnord,* das es damals vielleicht noch gar nicht gab.

Doch gerne möchte ich daran glauben und stelle mir vor, wie der Zug mit Kafka und Brod hier gerade durch den Bahnhof fährt. Und wie hier nicht nur die Fußballspieler von St. Gallen, sondern auch Eisenbahner sitzen, ja, auch die Rangierer, das würde doch zu diesem Lokal gut passen.

Rangierer mit den verrückten Eisenbahngeschichten, so wie der alte Rangierer aus der Kneipe *U Stadionu* in Lomnice nad Popelkou, der gerade dort sitzt und mit meinem Vater Bier trinkt und auch heute sicher die gleichen Geschichten über die toten Kollegen erzählt, die bei Verschubsarbeiten Hände, Füße oder ganze Leben verloren haben. Der alte Rangierer hat alles gesehen und ist bis heute davon völlig derangiert. Ja, die Rangiererleichen sind keine schönen Leichen, wie der alte Winterberg sagen würde.

Der alte Rangierer mag das schlechte Wetter nicht, denn da war seine Arbeit immer besonders schwer und gefährlich. Doch ich mag das böse Wetter, so wie es Winterberg auch mag. Ich bin der Wetterromantiker.

Ich mag, wenn die Stadt und das Umland von Wind gepeitscht werden und in dichten Wolken verschwinden. Im Schneetreiben. Oder im Nebel. Denn das spornt die Fantasie an.

Das schöne Wetter halte ich für völlig überbewertet. Wenn die Sonne scheint und das Wetter schön ist, ist es einfach nur schön und das war's dann auch, damit ist die ganze Geschichte auch schon erzählt.

Und noch einen Vorteil hat das schlechte Wetter: Dann ist man an den Orten, die man besuchen möchte, meistens allein, wie der alte Winterberg sagt. Und die Menschen treibt es in die Wirtshäuser, wo sie dann beim Bier sitzen und erzählen.

Ich sitze im *Perronnord*, schaue auf die Züge, höre zu, was meine Freunde und auch die Fußballmenschen erzählen und trinke noch eine Stange.

Lomnice nad Popelkou, Böhmisches Paradies

Meine Freunde sind nicht mehr bei der sogenannten Theaterkritik, sie sind bereits bei der sogenannten Stadtkritik. Und mir wird mehr und mehr bewusst, wie überraschend viel St. Gallen und Liberec gemeinsam haben. Die Lage im Tal, die die Menschen zu Talmenschen macht, die über die Berge steigen müssen, um in die Welt zu kommen, um sich aus ihrem Tal zu befreien, wie es auch Fleischman in meinem Roman *Grandhotel,* der in Liberec spielt, vergeblich versucht. Vergeblich, denn die Stadt zieht ihn immer wieder zurück, so wie es meine Freunde auch immer wieder nach St. Gallen zieht, ins *Perronnord.* Es sind die Wolken, das böse Wetter, das ein wenig Bewegung in das Leben von Fleischman bringt. Und immer wieder die alten und neuen Geschichten, die Geschichte der Stadt.

Ja, Liberec und St. Gallen haben vieles gemeinsam. Es sind große Städte, aber keine Metropolen, obwohl sie davon früher geträumt haben. Die beiden Städte sind zur Blütezeit der Textilindustrie reich geworden, bis die Kriege und auch Krisen kamen, die keine Grenzen kennen.

Bis heute spricht man in Liberec darüber, wie von hier einst die direkten Züge nach Berlin oder Wien fuhren. Und im *Perronnord* schwärmt der melancholische Freund auch von den direkten Zugverbindungen nach Paris oder Mailand. Und auch nach Prag.

Die einzige internationale Verbindung von St. Gallen geht heute nach München und von Liberec nach Dresden. Ja, man kommt auch nach Konstanz oder Zittau, aber von den direkten Zügen nach Paris oder Wien kann man an den beiden Bahnhöfen nur träumen.

Und dann kommt noch Sport. Richtig guter Fußball wird

nicht nur in St. Gallen, sondern auch in Liberec gespielt. Und aufgrund der hohen Gebirgslage kann es immer wieder vorkommen, dass hier oder dort die Spieler im Schneesturm das Tor und den Ball und sich selbst suchen müssen. Ein Drama bei bösem Wetter.

In Liberec und St. Gallen kann man sich schnell abgehängt und einsam fühlen, worüber in St. Gallen der großartige Rockmusiker und Geschichtenerzähler Manuel Stahlberger singt und in Liberec die Rockband Solomon Bob. Das hängt sicher auch mit der ähnlichen geografischen Lage zusammen, mit der sogenannten Randlage einer Grenzregion. St. Gallen liegt im Osten der Schweiz, ein wenig abgelegen und abgehängt. Liberec liegt im Norden von Tschechien, ähnlich abgelegen und abgehängt. Vielleicht ist es auch genau das, was mich an solchen Orten interessiert – diese Randlagen. Und auch die Randfiguren, die ich immer wieder ins Zentrum meiner Geschichten hole und zu Hauptfiguren mache. Die Träumer. Die Verrückten. Die Ganoven. Die Nachtgestalten.

Ich sitze im *Perronnord*, meine Freunde erzählen und ich trinke noch eine Stange und denke an meinen Vater, der auch Jaroslav heißt und gerade in seiner Kneipe in Lomnice nad Popelkou sitzt und auch Bier trinkt. Lomnice liegt etwa 45 Kilometer von Liberec, auf halber Strecke nach Hradec Králové, Königgrätz.

Mein Vater ist nicht der Erzähler, auf den ich im Wirtshaus immer warte. Mein Vater ist eher der Zuhörer. Ein etwas melancholischer Beobachter. Ein leiser Kommentator. Doch auch er weiß natürlich, wie wichtig in unserem Leben ein Wirtshaus ist. Dass es hier nicht nur um's Trinken geht. Sondern auch darum, sich zu begegnen. Und dass in einer Kleinstadt oder auf dem Dorf sich alles um ein Wirtshaus dreht. Das steht im Mittelpunkt des Lebens.

Das weiß nicht nur Peter Bichsel in der Schweiz, der Angst vorm Aussterben der Lokale hat, wie ich in einem Interview mit ihm las. Das wusste auch Kafka, der weite Teile von seinem Fragment *Das Schloss* in der Kneipe spielen lässt. Im *Herrenhof* und im Wirtshaus *Zur Brücke.* Der Landvermesser K. öffnet die Tür der Kneipe und es ist klar, dass es nicht einfach wird. Er wird hier der Fremde bleiben, der Störenfried, der nie in diesem Dorf, in dieser Welt ankommen wird. Doch so schlimm ist es meiner Erfahrung nach meistens nicht. Nach zwei, drei Bier kommt man an.

In der Kneipe erzählt mein Vater nicht viel, eher auf dem Weg nach Hause, wo er immer den Abend in ein paar Sätzen zusammenfasst.

Mein Vater war und ist ein großer Leser. Die Bibliothek bei uns zu Hause war besonders, was vermutlich auch wieder typisch war für die Zeit vor der Samtenen Revolution. In der ersten Reihe sah man die Bücher, die jeder sehen konnte. Reisebücher, Kochbücher, ein paar Klassiker der Weltliteratur und auch *Die Abenteuer des guten Soldaten Švejk im Weltkrieg* von Jaroslav Hašek.

Viel interessanter war aber die zweite Reihe. Hier versteckten sich die Bücher, die sich dort verstecken mussten – die Bücher der verbotenen Autoren, die nach der sowjetischen Besatzung der Tschechoslowakei und der Zerschlagung des Prager Frühlings aus den Bibliotheken verschwinden mussten. Zum Beispiel von Autoren wie Milan Kundera oder Josef Škvorecký. Oder Franz Kafka. Oder auch von Bohumil Hrabal. Diese Bücher waren die wahren Schätze. Und doch liebt mein Vater vor allem Jaroslav Hašek und seinen Švejk.

Als ich mit dreizehn mit einer schweren Lungenentzündung im Bett lag, brachte er mir dieses monumentale Buch. Ich hab's verschlungen und womöglich hat mich der Humor von Hašek gerettet. Als mein Vater vor ein paar Jahren in Liberec ebenfalls mit einer schweren Lungenentzündung im Krankenhaus lag, brachte wiederum ich ihm den. Ich wusste mittlerweile, wenn sonst nichts hilft, würde vielleicht dieses Buch helfen.

Für meinen Vater ist dieses Buch das, was für die anderen die Bibel ist. Ganz gleich, dass Hašek es nicht schaffte, seine Geschichte zu Ende zu schreiben. Das findet mein Vater sogar spannend, dass er nicht weiß, was für ein Ende es mit Švejk nimmt.

Mein Vater glaubt aber, dass es doch gut ausgeht. Er schläft mit Švejk ein. Er wacht mit Švejk auf. Er kennt das Buch fast auswendig. Es half ihm einiges im Leben zu überstehen und zu verkraften. Den frühen Tod seines Vaters, dem Eisenbahner Alois, den Tod seiner Mutter Růžena, die am selben Tag beerdigt wurde, an dem ich in Turnov zur Welt kam: am 8. Juni 1972.

Mein Vater sagt, falls ich ein wenig Talent zum Schreiben haben sollte, sei es nicht Gott, sondern meiner Großmutter zu verdanken, dieser einfachen Frau, die nie studiert hatte und das ganze Leben in einer Textilfabrik arbeitete. Meine Großmutter hat wunderschöne Briefe geschrieben.

Sie glaubte nicht an Stalin und die Kommunisten, sondern – damals fast schon altmodisch – an Gott. Ein paar von ihren Briefen habe ich gelesen.

Švejk ist vielleicht die bekannteste Figur der tschechischen Literatur. Diese Gratwanderung zwischen Idiotie und Genialität. Hašek steht am Anfang der modernen tschechischen Literatur. Und des Bierkonsums tschechischer Autoren. Švejk habe ich wie im Fieber gelesen, was vielleicht auch daran lag, dass ich tatsächlich Fieber hatte. Und danach las ich Hemingway. Und bald darauf Škvorecký, der sich auch in der zweiten Reihe der Bibliothek versteckte. Von den beiden lernte ich vielleicht, wie man Dialoge schreibt. Und dass es sich nicht immer lohnt, alles festzuschreiben, dass es auch gut sein kann, einiges auszulassen.

In der Bibliothek fand sich auch *Der Richter und sein Henker* von Friedrich Dürrenmatt. Das war damals meine erste, rein literarische Reise in die Schweiz.

Ich sitze im *Perronnord* in St. Gallen. Ich schaue den langen leuchtenden Zügen nach, die um diese Zeit leer sind und an eine Modelleisenbahn erinnern, die auf einer Anlage auch menschenleer kreist. Das Bier schmeckt mir immer besser. Und ich glaube, es würde auch meinem Vater schmecken.

Ja, ich weiß, schon wieder die Tschechen und das Bier. Man muss aufpassen, damit man nicht wieder bei diesen Klischees endet. Doch ich kann nicht anders. Ich gehe gerne ins Wirtshaus. Nicht nur wegen des Biers. Vor allem wegen der Geschichten. Wie ein Sammler auf den Flohmarkt. Wie ein Angler zum Fluss. Wie ein Jäger in den Wald.

Grappa und Espresso, vor dem Perronnord

Ich sitze im *Perronnord* und muss doch wieder an die Kneipe *U Stadionu* in Lomnice nad Popelkou denken. An die alten und sehr alten Männer. Und auch an die jungen und sehr jungen Männer. Und auch an die Frauen, die hier Bier trinken und sich nicht weniger rege Geschichten erzählen. Dabei zu sein ist für mich immer ein Fest. Ganz egal, ob sich vieles wiederholt. Das finde ich sogar spannend. Vielleicht bewegen wir uns alle in kleineren oder größeren Kreisen, die sich immer wieder schließen.

Immer wieder beobachte ich auch die Wirtin im *U Stadionu.* Ich mag, wie sie das Bierzapfen zelebriert. Ein böhmisches Lokal kann manchmal auch eine Spelunke sein. Alles ein wenig dreckig, die Wände vergilbt nach den Tonnen an gerauchten Zigaretten. Doch die Schanktheke strahlt in diesem sonst eher dunklen Raum wie ein Altar. Und die Wirtin ist dann die Zeremonienmeisterin, eine Priesterin, die jeden Abend eine stundenlange Messe zelebriert. Eigentlich ist sie eine Heilige. Und an dieser Messe in der Kneipe nehme ich gerne teil.

Ein Wirtshaus in Böhmen ist – wie auch ein Kaffeehaus in Österreich – ein Ort, an dem es nicht nur ums Biertrinken, Kaffeetrinken und Essen geht. Mein Vater liebt das Bier, doch viel mehr liebt er die Gemeinschaft. Die Bekannten und Unbekannten, auf die man trifft.

Der eine erzählt über seinen Sohn, der in Chile lebt. Und von seiner Tochter, die in Spanien lebt. Der andere nur über Eishockey, denn die Kneipe *U Stadionu* ist tatsächlich in einem Nebengebäude des Eishockeystadions untergebracht. So sieht man an den Wänden Fotos von unserem Eishockeyverein. Und einige Trophäen aus alten und neuen Zeiten.

Eine Frau erinnert sich jeden Abend an ihren Mann, der gerne mit meinem Vater am Tisch saß. Auch er liebte das Bier und die Gemeinschaft. Doch er war zuckerkrank. So hat er zuerst seinen großen Zeh verloren, dann ein Bein bis zum Knie, dann das andere Bein und schließlich hat die Frau den Mann ganz verloren. Sie stellt immer ein Foto von ihm auf den Tisch, wenn sie hier ist, und stößt mit ihm an.

Ja, die Erinnerungen und das Erinnern spielen eine große Rolle. Nicht nur *U Stadionu,* aber auch hier, im *Perronnord,* wie ich höre. Vielleicht geht es auch um eine Therapie. Wir erzählen von unseren Niederlagen, Tragödien, Verlusten, Ängsten, Vorurteilen und Hoffnungen. Wir erzählen darüber, was wir waren und was wir sind. Nicht alles kann auserzählt werden. Es bleiben Lücken. Traumata. Das Nichterzählte.

Oft wird auch ein Dialog nur vorgetäuscht, vorgespielt. Denn tatsächlich geht es oft nur um Monologe. Doch auch das stört mich nicht. Durch die Wiederholungen entsteht auch ein kleines Stück Kneipenmusik. Der alte Rangierer erzählt nicht nur von den Arbeitsunfällen, sondern auch von den Güterzügen mit den Spitznamen Nagasaki, Hiroshima und Tschernobyl. So schwer und lang waren die Züge. So gefährlich war die Arbeit. Und dann ist er wieder bei den Unfällen. Er erzählt von den weggefahrenen Beinen, zerdrückten Fingern und Händen, von gepufferten Kollegen, die nicht aufpassten und so zwischen die Puffer der Wagen gerieten.

Der Rangierer ist längst eine Literaturfigur geworden, doch ich habe es ihm noch nicht gesagt – seine Geschichten erzählt der Rangierer Ferenz aus meinem Theaterstück

Anschluss, das ich auf Deutsch für das Staatsschauspiel Dresden verfasst habe.

Dresden, Lomnice nad Popelkou, St. Gallen … so weit weg. Oder doch nicht? Schnell in die Bahn-App schauen: Wenn ich hier morgen den ersten Zug um 5.25 Uhr nehme, bin ich um 18.47 Uhr in Lomnice. Ich kann sogar eine Stunde später fahren und ich komme auch noch am Abend an, mit nur vier Mal umsteigen. In Buchs, Wien, Kolín, Stará Paka. In Liberec wäre ich über Dresden sogar noch schneller. Alles so nah. Alles viel näher, als man denkt.

Es ist schon spät am Abend, als wir das *Perronnord* verlassen. Wir stehen vor dem Wirtshaus und schauen zum Bahnhof. Der letzte Zug ist schon längst abgefahren. Zwei Männer kehren die Bahnsteige. Meine Freunde rauchen noch eine Zigarette.

„Was für eine schöne Bahnhofsuhr“, sage ich und schaue zu der großen Bahnhofsuhr.

„Wie in Paris, in der Gare de Lyon. Oder in London, in der St. Pancras Station“, sagt mein melancholischer Freund, der im Stehen noch seinen letzten Espresso mit Grappa trinkt.

„Ja.“

„Bloß, dass das keine Bahnhofsuhr ist“, sagt der melancholische Freund.

„Was?“

„Der Turm gehört zum Postamt, das vor dem Bahnhof steht. Das ist eine optische Täuschung.“

„Ich dachte immer, dass es eine Bahnhofsuhr wäre.“

„Ist es nicht.“

„Eine Täuschung. Wie schön.“

II.

Ein Friedhof, eine Sauna und eine Schlacht im Böhmischen Paradies

Im Hochsommer 1866 besuchte der deutsche Schriftsteller Theodor Fontane die Stadt, in der ich aufgewachsen bin. Lomnice nad Popelkou, *Lomnitz*, wie es in seinen Notizen steht und wie die Stadt auch auf den alten österreichischen Karten und in den Kursbüchern bis 1918 zu finden ist. Lomnice, das keine Großstadt, sondern mit etwa fünftausend Einwohnern eher eine überschaubare Kleinstadt ist. Lomnice, das in der leicht hügeligen Landschaft am Rande des Böhmischen Paradieses und zugleich schon im Vorland des Riesengebirges liegt. Die Nähe der Berge prägt hier das Wetter wie auch die Stimmung. Der Winter ist länger. Der Sommer kühler.

Theodor Fontane war in der Gegend wegen des sogenannten deutsch-deutschen Krieges zwischen Preußen und Österreich unterwegs, in dessen Mittelpunkt die Schlacht bei Königgrätz vom 3. Juli 1866 stand: die größte je ausgetragene Schlacht auf dem Gebiet von Böhmen und Tschechien überhaupt und nach dem Gefecht bei Leipzig 1813 die größte militärische Auseinandersetzung des 19. Jahrhunderts. Wer bei uns unterwegs ist, der sieht in der Landschaft bis heute die Narben von diesem Krieg, der das Kräfteverhältnis in Mitteleuropa grundsätzlich verändert hat.

Etwa sieben Wochen nach der katastrophalen Niederlage Österreichs und dem preußischen Sieg bei Königgrätz reist

Fontane durch Nord- und Ostböhmen und berichtet darüber. Nach Böhmen kam der Schriftsteller und ausgebildete Apotheker mit der Eisenbahn. Er reiste über Dresden und Děčín, damals ein wichtiger Elbhafen und auch als österreichischer Grenzbahnhof Tetschen-Bodenbach bekannt, nach Prag. Zu diesem Zeitpunkt war diese Bahnstrecke keine fünf Jahre alt. Doch nach Lomnice ging es damals noch nicht mit dem Zug, der Ort wurde erst 1906 an das österreichische und damit auch an das europäische Eisenbahnnetz angeschlossen.

Theodor Fontane war zuerst in Jičín, auf Deutsch damals als Gitschin bekannt, in der Stadt von Wallenstein und später auch von Karl Kraus, der 1874 in Jičín geboren wurde.

Fontane übernachtete im Stadtschloss am Marktplatz und fuhr mit der Kutsche zuerst zum Kloster nach Karthaus, etwa zwei Kilometer von Jičín entfernt. Dort ließ Wallenstein ein Kloster mit einer Barockkirche und seiner Grabstätte errichten. Doch als Fontane den Ort besuchte, lag Wallenstein schon seit ein paar Jahren nicht mehr in Karthaus, das heute Valdice heißt. Den vielleicht bekanntesten Heeresführer des Dreißigjährigen Krieges und reichsten Mann seiner Zeit hatte man umgebettet, und zwar schon zum zweiten Mal. Hoffentlich auch zum letzten Mal, damit Wallenstein endlich seine Ruhe findet. Wer heute sein Grab besuchen möchte, der muss nach Mnichovo Hradiště, nach Münchengrätz.

Das Kloster in Karthaus wurde 1856 in ein Gefängnis für Schwerverbrecher umgebaut. Bis heute ist es eine der härtesten Strafanstalten Tschechiens.

Nach zwei Stunden Fahrt auf einer holprigen Straße kam

Fontane endlich in Lomnice an. Hier eilten er und seine Begleitung zu einem der drei Spitäler auf dem Marktplatz, die nach dem Gefecht bei Libuň und Jičín notdürftig entstanden waren, denn vor Ort konnte man die vielen Verletzten nicht behandeln. In einem der Lazarette fand er ein paar Preußen. Bis auf einen ging es ihnen scheinbar schon ganz gut. Doch nur einer der Soldaten, den er zuerst im Schatten des Zimmers übersehen hatte, „ein Brandenburger", blieb ihm im Gedächtnis. „Der beinahe regungslos Daliegende, mit wachsfarbenem Gesicht und jenem verschleierten Augenausdruck, der wenig Hoffnung auf Genesung giebt", schreibt Fontane in seinem Buch *Reisebriefe vom Kriegsschauplatz Böhmen 1866.* Fontane versuchte ihn ein wenig aufzuheitern. Der Soldat lachte ihm noch ein wenig entgegen, doch kurz danach war er tot.

Gerade sitze ich auf unserem Friedhof in Lomnice und schaue mir die Gräber unserer Toten an. Es ist still hier, im Schatten der alten, mächtigen Linden. Und auch angenehm kühl.

Ich sehe eine Frau, die das Grab ihres Mannes gerade abwäscht. Ich sehe einen Mann, den Nachbarn von meinen Eltern, wie er am Grab seiner Eltern steht. Wir grüßen uns kurz.

Ich weiß nicht, ob auch Theodor Fontane auf dem Friedhof war. Ob er noch mehr von der Stadt gesehen hat. Ob er sich auch hier und an anderen Orten Böhmens Gedanken darüber gemacht hat, wie riesig die Marktplätze der böhmischen Städte sind. Man glaubt, so Fontane, dass die Städte viel größer sein müssten, als sie es in Wirklichkeit sind. Eine Täuschung also. Und eine gute Beobachtung zugleich.

Die Toten von 1866 am Friedhof von Lomnice

Ich weiß auch nicht, ob Fontane auch in Lomnice das Gefühl hatte, ein wenig in Italien zu sein. Denn an Italien erinnerten ihn die barocken Häuser und Kirchen. Die Stadtschlösser. Die Laubengänge. Die Farben.

Natürlich lag er da nicht falsch. Viele Architekten kamen aus Italien, um in Böhmen und Mähren zu bauen. Und das Schönbrunner Gelb, in das viele Häuser in Böhmen getüncht sind, auch in Jičín oder Lomnice, holt noch heute ein wenig Licht von Italien nach Mitteleuropa.

Ob Fontane von den alten Lomnitzern ähnlich misstrauisch angeschaut wurde, wie es ihm manchmal in anderen Ortschaften passiert ist? Ganz sicher. Was Fontane aber auch gut verstanden hat. Denn er war der Preuße. Der Sieger. Er war einer der Besatzer. Ja, heute würde man es vermutlich genau so sagen. Nicht der erste und nicht der letzte in der Geschichte Böhmens. In der Geschichte von Lomnice.

Vieles mehr, was Fontane in der Stadt erlebt hat, würde mich noch interessieren. Doch von seinem Besuch in Lomnice ist nur etwa eine Buchseite geblieben. Einen Mann würde aber diese Buchseite sehr freuen: Wenzel Winterberg aus meinem Roman *Winterbergs letzte Reise*. Diesen Mann, der immer wieder einen Satz wiederholt, mit dem das Buch auch anfängt: „Die Schlacht bei Königgrätz geht durch mein Herz." Für Winterberg ist die Schlacht der Anfang von seinem Ende. Der Anfang von seinem Untergang. Und auch der Anfang vom Untergang von Mitteleuropa.

Fast fünfzig Jahre nach Königgrätz herrschte in Mitteleuropa Frieden. Doch danach kamen noch viel schlimmere Kriege, die alles auf lange Zeit zerstörten. Die Weichen wurden bei Königgrätz in Ostböhmen gestellt, denn dieser Krieg und diese Schlacht kurbelten nicht nur den preußischen Nationalismus an.

Der winterbergische Satz stammt ursprünglich nicht von mir. Er kommt von einem guten Freund. Ich wusste schon lange, dass dies ein sehr guter erster Satz sein würde. Jahrelang wusste ich es. Doch ich musste für dieses Buch viel lesen und recherchieren, viele Orte besuchen und viele Geschichten sammeln. Und viel Bier trinken und Zug fahren. Ich musste mich in der Geschichte verlieren, wie Winterberg es auch sagt. Und ich wusste damals schon, wenn ich diesen Satz auf Deutsch schreiben werde, muss ich auch das ganze Buch auf Deutsch schreiben. So kam es auch.

Ja, so einen guten Satz muss man haben, wenn man mit dem Schreiben anfängt. Ein wenig irre klingt der Satz. Und geheimnisvoll. Geheimnisvoll und irre. Und auch traurig und lustig zugleich. So sollte es auch sein. Man sollte selbstverständlich auch wissen, wie die Geschichte eines Buches ausgeht, obwohl das Ende sich vielleicht noch im Nebel verliert. Doch der erste Satz ist das Wichtigste. Der Satz steht für das ganze Buch. Für den ganzen Roman.

„Die Schlacht bei Königgrätz geht durch mein Herz“ ist einer der Sätze, die man sich nicht ausdenken kann. Die einem geschenkt werden. Die man sich ausleiht. Die man vielleicht auch klauen muss, wenn es nicht anders geht. Ein Satz, auf den man lange wartet.

Ein guter Freund aus Leipzig hat mir diesen Satz geschenkt. Er sagt ihn oft. Eigentlich sagt er ihn aber ein wenig anders: „Königgrätz geht mitten durch mein Herz.“

Ich habe ihn mir ein wenig angepasst, weil er so etwas musikalischer klingt. Und ich mag auch das Wort „Schlacht“. Aber warum sagt er das? Es ist eine kleine Provokation. Eine Testfrage. Königgrätz? Ähm, was heißt das? Neun von zehn Menschen wissen nicht, was mein Freund mit Königgrätz meint. Und wo diese Stadt liegt. Manchmal verwechseln sie Königgrätz sogar mit Königsberg. Doch ich weiß es.

Die Vorfahren meines Freundes kommen aus Böhmen, aus der Nähe von Česká Lípa, früher Böhmisch Leipa, und aus Preußen, aus der Nähe von Magdeburg. Zurecht glaubt er, dass seine Vorfahren sich vielleicht auf dem Schlachtfeld im Jahre 1866 getroffen und aufeinander geschossen haben. Vielleicht liegen sie auch auf dem Schlachtfeld begraben.

Wir waren des Öfteren zusammen dort. Im Frühjahr. Im Sommer. Im Herbst. Aber auch im tiefsten Winter, wenn man dort niemanden trifft. Höchstens Wildschweine oder Rehe, die im Buch auch immer wieder auftauchen.

Wenn wir uns sehen, mein guter Freund und ich, reden wir viel über Geschichte, denn wir beide leiden, so wie Winterberg, an den sogenannten historischen Anfällen, die den hysterischen Anfällen sehr nahekommen. Man redet und redet und rast von einem historischen Ereignis zum anderen, von einer Geschichte zur nächsten, man verschwindet im Nebel des Erzählens, man stolpert und fällt, man weiß nicht, worüber zu Beginn gesprochen wurde, doch man fängt sich wieder, trinkt ein Bier und redet weiter.

Und noch etwas verbindet uns. Und zwar der alte Baedeker für Österreich-Ungarn von 1913, unser ständiger Reisebegleiter, wo alles über die untergegangene und verschwundene Welt vor dem Ersten Weltkrieg geschrieben steht, von der bis heute viel mehr überlebt hat, als man denken würde, von der Welt von gestern.

Jetzt sitze ich auf dem Friedhof von Lomnice auf einer Bank unter den hohen Linden. Und schaue auf die Gräber auf dem Friedhof und auf die Häuser im Stadtzentrum, denn unser Friedhof liegt ein wenig höher als die Altstadt. Der Friedhof befindet sich auf der Südseite. Man hat hier viel Sonne. Und viel Ruhe. Noch mehr, als man in der Kleinstadt ohnehin schon hat.

Ich bin oft hier. Und gern. Nach der Schule sind wir früher oft zum Bahnhof gegangen oder auf den Friedhof. Am Bahnhof herrschte damals noch viel mehr Verkehr, viel mehr Leben. Auf dem Friedhof war es immer sehr ruhig und still. So wie heute. Man kann hier lesen. Man kann kurz einnicken. Man kann Menschen beobachten, wie sie Gräber pflegen. Man kann auch mit den Toten sprechen, wie es manche Lomnitzer auch tun, so wie mein Vater zum Beispiel, der eigentlich immer auf einem Friedhof ist, wenn er nicht zu Hause ist. Auf einem Friedhof oder im Wirtshaus *U Stadionu, Zum Stadion.*

Man kann hier auch wunderbar darüber nachdenken, was man war, was man ist, was man sein wird. Auch über die Geschichte und Geschichten. So wie sich hier auf dem Friedhof die Bienen an den alten Linden laben und die alten Linden an den Toten, speisen sich meine Geschichten von den Lebenden. Oder vielleicht auch von den Toten, mit denen man auf einem Friedhof ins Gespräch kommen kann, wie mein Vater sagt.

Wie kam es zur ersten Begegnung mit dem Krieg von 1866? Vielleicht war es hier, an dem Ort, an dem viele Soldaten begraben liegen. Oder auf dem Friedhof in Libuň, im Böhmischen Paradies, wo auch Gefallene aus diesem Krieg ruhen. Gleich neben dem Grab meines Großvaters Alois, dem melancholischen Eisenbahner, und meiner Großmutter Růžena. Und am Grab des Malers František Kaván, der hier auch begraben liegt und dessen Namen die Straße in Lomnice trägt, in der meine Eltern wohnen.

Auf dem Friedhof in Libuň liegen viel mehr Tote von 1866 als in Lomnice. Österreicher, Böhmen, Preußen und auch Sachsen, die an der Seite der Österreicher gekämpft und verloren haben und die so oft vergessen werden, wenn über diesen Krieg erzählt wird. In der Dorfchronik von Libuň habe ich gelesen, dass die Preußen die ganze Ortschaft in ein einziges Feldlazarett verwandelt hatten. Doch es reichte trotzdem nicht aus und so brachte man einige Verletzte bis nach Lomnice.

Ich glaube, dass es meinem Großvater Alois in Libuň trotzdem gefällt. Denn gleich entlang des Friedhofs fahren Züge und zum Bahnhof, wo er auch gearbeitet hat, sind es nur ein paar Schritte. Auf dieser Strecke bereisen in *Winterbergs letzte Reise* Winterberg und Kraus die Gegend, als sie sich im Böhmischen Paradies verlieren. In den Geschichten und in der Geschichte. In den historischen und hysterischen Anfällen.

Vielleicht hörte ich von diesem Krieg von 1866 auch zu Hause in der Küche. Meine Mutter erzählte mir, wie sich mein Ururgroßvater als Junge von dem Berg Tábor, dem Hausberg von Lomnice, die Gefechte bei Jičín anschaute. Es war wirklich

Nebel des Krieges über dem Schlachtfeld von 1866 bei Königgrätz

ein Ereignis. Eine halbe Million Soldaten aus Preußen, Sachsen und allen Ecken der österreichischen Monarchie wurden zusammengetrommelt, hier im Böhmischen Paradies. Heute liegen unter der Erde etwa fünfzigtausend Tote. Fünfzigtausend Geister, wie Winterberg sagt, mit denen wir leben müssen. Geister, die sehr unruhig schlafen und die die Erde nicht verdauen kann. Der Mensch kann vielleicht die Grausamkeiten vergessen, doch die Landschaft und die Seele von Mitteleuropa vergessen nie.

Ich sitze auf dem Friedhof in Lomnice und trinke ein Wasser, denn es ist noch zu früh für das erste Bier. Sonst habe ich nichts gegen Biertrinken am Friedhof. Wenn man in Lipnice das Grab von Jaroslav Hašek besucht, stehen auf der Grabplatte oft gleich mehrere Bierflaschen, die Menschen mitbringen und so dem Schriftsteller gedenken, der im Wirtshaus, keine dreihundert Meter von hier, noch kurz vor seinem Tod ein Bier nicht nur trank, sondern auch ausschenkte.

Ich weiß nicht, ob Fontane in Lomnice etwas gegessen hat. Die Lomnitzer Kekse, Kolatschen und Süßigkeiten gab es damals schon. Auch das Lomnitzer Bier schenkte man in jedem Wirtshaus aus.

Das Bier, so die Legende, ließ sich Wallenstein nach Jičín in sein Schloss am Marktplatz liefern. Und auch auf das ein oder andere Schlachtfeld des Dreißigjährigen Krieges. Wallenstein mochte das Bier so sehr, dass er sich um die Qualität des Bieres sorgte. Ein Brief von ihm ist erhalten geblieben, in dem er sich darüber beschwert, dass das Bier zu sauer ist.

Die erste Brauerei entstand in Lomnice schon im 15. Jahrhundert und das ein wenig jüngere Brauereigebäude gehört heute zu den ältesten Häusern der Stadt, das alles und alle überlebte. Die kleinen und größeren Kriege. Die Bauwut der verschiedenen Aufbruchszeiten. Die Seuchen. Und auch mehrere Stadtbrände. Das Bild einer Brauerei, die alles übersteht, die der Zeit trotzt, gefällt mir. Ein Sinnbild für Böhmen. Für Mitteleuropa.

Das Lomnitzer Bier, Lomnické pivo, gibt es heute wieder, nachdem die Kommunisten die Produktion 1960 eingestellt hatten. Wallenstein würde sich freuen, denn sauer hat mir das Lomnitzer Bier noch nie geschmeckt. Man kann es auch in Jičín und in Turnov trinken. Sogar in Prag, Berlin und Wrocław.

Mit Wallenstein, so sagt eine Familienlegende, ist auch unsere Familiengeschichte verbunden. Wallenstein holte auch Deutsche aus Schlesien ins Böhmische Paradies. Sie bauten an dem Kloster in Karthaus und gründeten als Kleinbauern in der Nähe auch ein Dorf, Kyje. Hier taucht der in der Gegend und auch in Tschechien sonst seltene Nachname Rudiš zum ersten Mal auf, damals Rudisch geschrieben.

Vielleicht spielt auch diese Vorgeschichte eine Rolle dabei, warum ich mich in die deutsche Sprache verliebt habe. Das geschah schon sehr früh. Mit acht, oder neun. Ich war besessen von dieser Sprache und schlief immer mit dem deutsch-tschechischen Wörterbuch ein. In Lomnice hatte ich zuerst eine tolle Privatlehrerin, eine ältere Dame, die halb Deutsche und halb Tschechin war. Auch bei meinen Deutschlehrern in der Grundschule und im Gymnasium hatte ich großes Glück. Sicher hat mir auch geholfen, dass wir oft in der DDR waren, denn viel mehr Reisemöglichkeiten gab es nicht. So lernte ich die Sprache sehr schnell. Noch schneller, als ich mich eines Sommers an einem Teich im Böhmischen Paradies in ein deutsches Mädchen aus Sachsen verliebte.

Das wirklich älteste Gebäude der Stadt ist der Glockenturm auf unserem Friedhof aus dem Jahr 1652. Mindestens so alt muss also auch dieser Friedhof sein, wo ich gerade bin und auf die Gräber schaue.

Eigentlich gehört der Glockenturm zu der Kirche am Marktplatz. Vielleicht hatte man dort damals wenig Platz. Vielleicht ahnte man schon damals, dass die Stadt immer wieder von Stadtbränden heimgesucht werden würde. Es ist ein einfacher Bau aus Holz, schwarz angestrichen, mehr breit als hoch, mehr untersetzt als schlank.

Immer am Sonntag um zwölf kommt ein Glöckner, macht die Tür auf und lässt die größte Glocke über dem Friedhof läuten. Immer zu Weihnachten, am 24. Dezember, kommen viele Lomnitzer dazu. Gemeinsam werden dann Weihnachtslieder gesungen. Es gibt Grog und Punsch und Bier. Später trifft man sich noch in der Kirche. Oder in der Kneipe. Oder zuerst in der Kirche und dann in der Kneipe.

Unter den Glöcknern ist auch Petr Pýcha. Auch er weiß, dass Theodor Fontane einst in Lomnice nad Popelkou war. Petr unterrichtet Literatur am Gymnasium in Semily. Doch Peter schreibt auch. Vor allem Drehbücher für Kinofilme, Hörspiele, Theaterstücke. Mehrere Stücke haben wir auch zusammen geschrieben. Wir sind gleich alt. Wir tragen beide eine Brille. Eigentlich sind wir wie Geschwister. Petr ist mein ältester Freund. Und oft der erste Leser. So lese auch ich als Erster seine Texte.

Die Sauna von Jičín, der Geburtsstadt von Karl Kraus

Ich mag Friedhöfe. Wenn ich in einer Stadt bin, die ich noch nicht kenne, versuche ich immer auf den Friedhof zu gehen. Und dann in die Kirche. Und schließlich in irgendeine Kneipe oder ins Café. Ja, klar, die Bahnhöfe interessieren mich auch. Doch die sehe ich ohnehin fast immer, da ich meistens mit dem Zug unterwegs bin.

Auf einem Friedhof lernt man viel über eine Stadt. Man erfährt, ob früher mehr Deutsch wie in Liberec oder Tschechisch wie in Lomnice gesprochen wurde. Man lernt, ob die Stadt reich oder arm war. Ob sie eher katholisch oder evangelisch war und ist. Man erfährt auch, wie hier oder da die Geschichte gewütet hat. Ein Friedhof ist ein demokratischer Ort. Wie ein Wirtshaus oder eine Sauna. Hier hat jeder seinen Platz. Hier liegen die Reichen und die Armen nebeneinander. Hier liegen die Helden. Hier liegen auch die Versager und Verräter.

Ich bin ein Friedhofsgänger. So war ich auch auf dem Zentralfriedhof in Wien am Grab von Karl Kraus. Und in Prag am Grab von Franz Kafka, so wie ich später auch an den Gräbern von Jaroslav Hašek, Bohumil Hrabal oder Thomas Bernhard war. Und so war ich irgendwann im Winter in Berlin auch am Grab von Theodor Fontane.

Nicht nur, weil Fontane auch einst in Lomnice war, sondern auch, weil die fast hundertjährige Großmutter meiner Partnerin, eine ehemalige Deutschlehrerin, Fontane über alles liebt. Vor allem Effi Briest liest sie immer wieder von neuem und weiß daher, dass die Schlacht bei Königgrätz in diesem Buch eine Rolle spielt. Am Jahrestag der Schlacht bringt Effi ihre Tochter Annie zur Welt, ihr einziges Kind. „Doktor Hannemann patschelte der jungen Frau die Hand und sagte: ‚Wir haben heute den Tag von Königgrätz; schade, dass es ein Mädchen ist. Aber das andere kann ja nachkommen, und die Preußen haben viele Siegestage'", schreibt Fontane, der in Böhmen nicht zur Schullektüre gehört. Ich glaube, dass er nie wirklich gelesen wurde, obwohl vieles ins Tschechische übersetzt wurde.

Theodor Fontane war nicht der erste und auch nicht der letzte Autor, der Lomnice nad Popelkou besucht hat. Immer wieder tauchten und tauchen in Lomnice Schriftsteller, Musiker oder Theaterleute auf.

In der Stadt steht ein großes Theater, ungewöhnlich groß für diese Kleinstadt. Auch ein Kino haben wir, ein ganz neues. An den Besuch des Komponisten Bedřich Smetana erinnert eine Gedenktafel am Rathaus.

Ob beispielsweise aber Franz Kafka in Lomnice war, das weiß ich leider nicht. In Liberec, Frýdlant, Jablonec, da war er überall. Und auch in Turnov, wo ich das Gymnasium besuchte.

Der schlichte, funktionalistische Bau steht in Turnov auf einem Hügel, hoch über der Iser. Darunter befindet sich ein alter jüdischer Friedhof, der in den Achtzigern wegen einer Schnellstraße beinahe gänzlich zerstört wurde. Man hat ihn dann doch verschont. Zumindest einen Teil davon. Ein Pfeiler der Straßenbrücke gräbt sich zwischen die Gräber an diesem heiligen Ort.

Ja, so ist man in der sozialistischen Tschechoslowakei mit dem Kulturerbe oft umgegangen, nicht nur in Turnov. Alles vermeintlich Fremde sollte verschwinden. Nicht nur alles, was deutsch oder österreichisch war, sondern auch alles, was jüdisch war. Alles, was nicht in die neue nationale Erzählung passte, sollte verschwinden.

Auch um die Gräber von 1866 kümmerte sich niemand. An die Schlacht sollte nicht erinnert werden. Man hat versucht, die Geschichte des Landes umzuschreiben. Neu zu deuten. Zu nationalisieren. Zu vereinfachen.

Wenn man über die tschechische Kultur und Geschichten sprach, verstand man darunter nur das, was auf Tschechisch entstanden war. Das andere wurde beschlagnahmt. Oder vertrieben. Aus dem Land. Aus der Landschaft. Aus der Seele. Alles verschwand in einem Nebel des Vergessens.

„Traurig, traurig", wie der alte Winterberg sagen würde. Und doch ist es zum Glück nie ganz gelungen. Viel davon ist geblieben. Auch in unserer Sprache, wo es bis heute viele deutsche Ausdrücke gibt. Die Landschaft wehrt sich immer. Die Menschen wehren sich. Die Geschichte wehrt sich.

Gegenüber des jüdischen Friedhofs in Turnov befindet sich auch heute noch eine große Gärtnerei. Hier hat offenbar Kafka gearbeitet. Als ich etwa 18 oder 19 war, lasen wir viel Kafka. Wir hatten zum Glück im Gymnasium einen großartigen Tschechisch- und Literaturlehrer, der „historisch durchschaute", wie Winterberg sagen würde. Und der uns auch Kafka näherbrachte.

Ich glaube, dass wir Kafka damals nicht richtig verstanden haben. Doch wir lasen ihn, vor allem die Kurzgeschichten. Selbstverständlich auch *Die Verwandlung*. Und haben uns dann in der Kneipe beim Bier darüber Gedanken gemacht, worum es eigentlich geht. Warum hat sich dieser Gregor Samsa in ein Ungeziefer verwandelt? Bis einer von uns sagte: „Ist doch klar. Am Abend war Gregor im Wirtshaus. Dort hat er zu viel Bier getrunken und am Morgen war er deswegen verwandelt, damit meint Kafka: verkatert. Gregor geht es so schlecht, dass er nicht arbeiten kann. Das ganze Menschsein schmerzt ihn und er möchte einfach nur noch sterben. Kennt doch jeder, oder?"

Eine Szene, die ich auch mit meinem Freund aus Jičín, ich nenne ihn den Leser, erleben könnte.

Ich bin oft in Jičín. Auch auf dem Marktplatz, von dessen Schönheit Theodor Fontane im Sommer 1866 so beeindruckt war. Hier steht nicht nur das alte Schloss. Aber auch, schräg gegenüber, das Geburtshaus von Karl Kraus. In Jičín gehe ich oft in die Sauna. Und dort treffe ich eben auch meinen Freund den Leser, einen begnadeten Erzähler.

Der Leser und seine Frau pflegen eine ganz besondere Beziehung, in deren Mittelpunkt ein Friedhof steht. Zu seinem Fünfzigsten hat der Leser von seiner Frau ein Grab bekommen. Zu seinem Sechzigsten eine Urne. Was er zu seinem Siebzigsten bekommt, ist noch offen. Doch da der Leser noch nicht sterben möchte, packt er in die Urne immer sein Handtuch für die Sauna.

Einmal zeigte mir der Leser sein Grab. In der zweiten Reihe. Gleich am Eingang. In der Sonne. „Schön werde ich es haben, wenn ich nicht mehr hier bin. Meine Frau liebt mich. Sie meint es gut mit mir."

Dass wir Böhmen Biertrinker sind, weiß jeder. Doch dass wir auch Saunagänger sind, das ist vielleicht nicht so bekannt.

„Die Tschechen sind die Finnen Mitteleuropas", sagte

mir mal ein finnischer Freund, ein Übersetzer aus dem Tschechischen, der schon lange in Prag lebt, verheiratet mit einer Tschechin.

„Wieso?", fragte ich ihn.

„Die Tschechen lieben das Trinken genauso sehr wie die Finnen. Und sie gehen auch gern in die Sauna. Eine Sauna hast du in jedem böhmischen Kaff. Die Tschechen und Finnen sind Brüder. Auch diese Melancholie, die wir uns teilen. Die Tschechen verstecken es ganz geschickt mit ihrem Humor. Doch eigentlich sind die Tschechen von der Grundfassung her genauso verloren und traurig und melancholisch wie die Finnen. Wenn ich die Filme von Aki Kaurismäki sehe, muss ich immer an Miloš Forman denken."

„Es gibt sicher auch Unterschiede."

„Ja, das tschechische Bier ist besser als das finnische Bier. Und der finnische Wodka ist besser als der Prager Wodka."

„Und sonst so?"

„Ihr redet manchmal zu viel. Ihr seid für uns sehr temperamentvoll. Vielleicht so wie die Italiener für euch."

Jičín und Turnov sind die beiden Zentren im Böhmischen Paradies, Česky ráj, wie man bei uns sagt. Die Städte streiten, wo das wahre Herz des Böhmischen Paradieses schlägt. Vielleicht in der Mitte, in Lomnice.

Auch in Lomnice gibt es eine Sauna, im Keller der Grundschule, die man auch von unserem Friedhof aus sieht. Doch hier bin ich Lomnice untreu, ich fahre zum Saunieren immer nach Jičín.

Ich mag diese Stadt, die im Vergleich zu Lomnice schon fast eine Metropole ist. Ich mag Jičín. Wegen der Sauna.

Wegen der Geschichte. Wegen meiner Freunde. Und auch wegen Karl Kraus, der hier geboren wurde.

Kraus ist in meiner Gegend ein sehr verbreiteter Nachname. Der Nachbar meiner Eltern heißt auch Kraus und arbeitet im Gefängnis von Valdice. Zwei Mädchen namens Kraus, Zwillinge, waren mit mir in der Grundschule. Doch viele denken nicht darüber nach, dass Kraus ein deutsches Wort ist. Dass das Wort auf Deutsch auch etwas bedeutet.

Auf dem Friedhof ist es still und ruhig, im Gegensatz zur Sauna, wo viel erzählt wird, ähnlich wie im Wirtshaus. Auch hier wartet man auf einen Erzähler, denn nicht jeder kann erzählen. Und nicht jeder möchte erzählen.

Der Leser hat sich in den letzten zwanzig Jahren um das Fußballstadion gekümmert. Und viele Bücher gelesen. Ich kenne niemanden, der so viel liest wie der Leser. Niemanden, der so belesen ist wie er.

In der Bibliothek von Jičín ist der Leser der absolute Rekordhalter, was gelesene Bücher angeht. Neunzig Bücher im Jahr schafft er locker. Der Leser liebt Jaroslav Hašek. Noch mehr liebt er aber Bohumil Hrabal. Er liest Krimis, Sachbücher und auch Lyrik. Und gerne auch Franz Kafka, Stefan Zweig, Thomas Bernhard und ja, sogar Theodor Fontane hat er gelesen, als ich ihm erzählt habe, dass der bekannte deutsche Schriftsteller in Jičín war. Der Leser kennt auch Karl Kraus, vor allem *Die letzten Tage der Menschheit.* Und er gibt zu, dass er in diesem verrückten, wilden, akrobatischen und düsteren Theaterstück verloren ging, obwohl er weiß, dass mich *Die letzten Tage der Menschheit* für Winterberg inspiriert haben, denn in keinem anderen Buch ist der Untergang der alten Monarchie so bestialisch und intensiv dargestellt wie hier bei Kraus. Ähnlich wie bei Hašek, in seinem *Švejk*. Und ganz anders als bei Joseph Roth und Stefan Zweig, die der Zeit vor 1914 ein wenig nachtrauen.

Es ist kein Zufall, dass der alte Winterberg, so glaube ich zumindest, etwas von Hašek, Zweig, Roth und Kraus in sich trägt. Es ist kein Zufall, dass Winterbergs Begleiter in meinem Roman Kraus heißt.

Als wir uns irgendwann in der Sauna über Karl Kraus unterhalten haben, meldete sich bei uns ein Bekannter, der hier auch saß.

„Kraus? Karel Kraus? Den kenne ich doch, der kommt aus meinem Dorf. Karel ist ein toller Polierer. Er sucht gerade Arbeit, ich habe seine Nummer, wenn du magst."

Auch in der Sauna gibt es viele Stammgäste, so wie im Wirtshaus. Jeder in der Sauna hat seinen festen Platz, genauso wie im Wirtshaus, oder später auf dem Friedhof.

Der eine sitzt unten ganz links direkt neben der Tür. Der andere, der Leser, immer ganz rechts, dem Ofen gegenüber. Der Frauenarzt sitzt in der Ecke. Ich sitze meistens zwischen den beiden. Und einer von uns sitzt immer am Boden, der ehemalige Staatsmeister im Judo.

Der Sportsmann arbeitet als Heizer im Knast von Valdice. Ja, im ehemaligen Karthaus, vor dem Theodor Fontane stand und wo – so die Legende – Karl Kraus Vater als Papierfabrikant den Verbrechern Arbeit gegeben hat. Sie haben Papiertüten geklebt, das war offenbar seine Erfindung. So hat es mir der Leser erzählt und was der Leser erzählt, das muss auch stimmen. Auch heute kleben die Verbrecher in Valdice Papiertüten.

„Betreten verboten, wird überwacht“ – Gefängnismauer in Valdice

Der Sportsmann erzählte uns auch von den Symphonikern. Damit meinte er die Wachhunde, die die ganze Nacht bellen und bellen und bellen. Und auch der Frauenarzt, der Älteste von uns, musste manchmal seinen Dienst im Knast machen und die Häftlinge versorgen, so wie alle Ärzte in der Gegend, im Böhmischen Paradies, das gar nicht so paradiesisch ist, wenn man an das Gefängnis denkt. Und die vielen Gräber von 1866 sieht. Und von den anderen Kriegen.

Ich liebe die Sauna. Ich liebe die Hitze. Das kalte Wasser. Das Ausschalten. Das Einschalten. Das macht einen schnell süchtig, so wie das Bier, so wie das Erzählen. Ja, vor allem bin ich süchtig nach Geschichten.

Mehr als zehn Jahre lang habe ich in unserer Sauna im Böhmischen Paradies Geschichten gesammelt und ein wenig die Männer und unsere Sauna porträtiert.

Die Figuren in meinem Theaterstück und Buch *Český Ráj – Böhmisches Paradies* tragen keine Namen. Aus den vielen Stimmen und Gedanken und Geschichten entsteht eine tragikomische Symphonie, ein sehr musikalisches Stück über das Schwitzen und über die Männer von heute. Es gibt nur einen WIR-Erzähler. Vielleicht ist es die Sauna, die erzählt. Der Schweiß. Die Wände aus dem hellen Holz. Der Kamin. Die Pritschen. Die Badetücher. Die feuchten Kacheln. Die Schränke. Die Seife. Das kalte Wasser im Abkühlbecken.

Unsere Sauna wird diese Geschichte auch nach unserem Tod erzählen, nach dem wir diesen Raum, diese Welt verlassen haben und auf einem Friedhof im Böhmischen Paradies liegen. Der eine in Lomnice. Der andere in Jičín. Oder in Turnov.

Einige der Männer, die ich porträtiert habe, sind schon nicht mehr unter uns. Und trotzdem bleiben sie in den Geschichten. So wie der Rentner, dessen Sohn Schaffner bei der Tschechischen Bahn ist. Neulich haben wir uns im Zug getroffen. Er hat seinen Vater im Buch erkannt. So wie der Geschichtslehrer, der so viel über die Schlacht bei Königgrätz 1866 wusste und mir mal alle Gräber und Soldatenfriedhöfe im Böhmischen Paradies zeigte. So wie der alte Taxifahrer, der mich manchmal nach Lomnice brachte, wenn ich im Wirtshaus sitzend den letzten Bus zurück verpasste. Denn nach der Sauna gehen wir immer ein Bier trinken.

„In der Sauna reinigen wir uns. In der Kneipe machen wir uns wieder schmutzig. Und so müssen wir morgen wieder in die Sauna", sagt der Leser.

Jetzt sitze ich ganz allein bei uns auf dem Friedhof in Lomnice und denke an unsere Toten und an meine Toten und daran, dass ich vielleicht mal ein Buch über einen Friedhof schreiben werde, in dem ich nur die Toten erzählen lasse.

Ich denke an die vielen Beerdigungen, die ich gesehen habe. Hier auf dem Friedhof. In der Kirche. An anderen Orten. In unserer Aussegnungshalle, die leider nicht besonders schön ist. Diese „Verabschiedungshalle" hat man in der sozialistischen Zeit gebaut und so sieht sie bis heute auch aus. Wie eine Großküche. Ein Versammlungssaal in einem Plattenbau. Eine große Garage.

Die Aussegnungshalle steht auf einem Hügel, den wir Olymp nennen. Auch hier ist ein Friedhof, ein Urnenhain. Und gleich daneben steht eine ehemalige LPG, die Landwirtschaftliche Produktionsgenossenschaft, die immer noch funktioniert. Bei Lomnice werden nicht nur Kartoffeln und Weizen angebaut, sondern auch viel Mohn und Kümmel.

Gleich an unserem alten Friedhof waren vor ein paar Jahren noch Felder. Heute wird hier gebaut. Ein neues Viertel entsteht. Alle Häuser sehen gleich aus, wie aus einem Katalog. Alles Häuser mit dem Blick auf den Friedhof.

Ich schaue mir die neuen Häuser und die alten Gräber an und denke über den Tod nach. Warum fasziniert uns gerade der Tod? Vielleicht sogar mehr als das Leben? Vielleicht, weil der Tod so nah ist, auch wenn wir es nicht wahrhaben möchten. So greifbar nah. Der Tod greift nach uns, seitdem wir geboren wurden. Und wir greifen auch nach dem Tod. Wir wissen alle, dass wir sterben werden. Und doch bleibt der Tod irrational. Es gibt Menschen, die sich freuen, dass sie nach dem Tod Freunde und Verwandte wiedersehen werden. So wie mein Freund aus der Sauna, der Leser, der sich das Paradies wie ein Wirtshaus vorstellt, in dem am Stammtisch seine toten Freunde sitzen, die ihn begrüßen, wenn er in der Tür steht, und gleich ein Bier für ihn bestellen. Es gibt Menschen, die sich nicht auf eine solche Gesellschaft freuen, die nach dem Tod einfach endlich ihre Ruhe haben möchten. So wie ein anderer Freund aus der Sauna, der bei einer großen Versicherungsgesellschaft arbeitet. Nach dem Tod möchte er seine Kunden nicht treffen, seine Freunde auch nicht, ja, nicht mal seine Frau. Nur Ruhe möchte er haben. Und endlich Zeit haben für sein Hobby: Modelleisenbahn.

„Man möchte den Tod verstehen“, sagt der Leser oft. „Doch man kann ihn nicht verstehen. So wie man das Leben nicht verstehen kann. Und sich selbst auch nur schwer.“

Doch warum schreibe ich so viel über den Tod? Und

warum so viel über Selbstmord? Das werde ich oft gefragt. Schon im ersten Buch *Der Himmel unter Berlin* tauchen viele Selbstmörder auf, die als Gesichter durch die Tunnel der Berliner U-Bahn taumeln. Auch Winterberg hat immer wieder Selbstmordgedanken. So auch Kraus. Oder Fleischman im *Grandhotel*. Die eine Antwort darauf habe ich nicht. Ich weiß nur, dass es in jeder Familie jemanden gibt, der es nicht ausgehalten hat, der sich das Leben genommen hat.

Lomnice ist eine Kleinstadt. Jeder hier kennt jeden. Jeden Lebenden im Wirtshaus. Und jeden Toten hier auf dem Friedhof. Fünftausend Einwohner, die alle etwa fünfhundert Meter über dem Meer leben, über der Adria. Denn von Lomnice nach Triest ist es nicht so weit, wie man vermuten würde. Auf die Eisenbahn bezogen liegt Lomnice im Herzen Mitteleuropas. Wenn ich morgen kurz nach fünf den ersten Zug nehme, bin ich abends kurz nach acht in Trieste Centrale. Was für eine schöne lange Fahrt das ist. Im Wirtshaus *U Stadionu* glaubt mir niemand, dass es so schnell geht. Doch so ist es, alles ist nah.

Auch daran denke ich, wenn ich auf dem Friedhof in Lomnice sitze. Ich denke an Triest, denn ich mag diese Stadt auch sehr, nicht nur weil man dort die böhmischen Buchteln bestellen kann. Triest zieht uns Böhmen an. Triest liegt immer auf unserer Landkarte und ich glaube, umgekehrt ist es genauso. In Triest muss man nicht erklären, wo Prag, Brünn oder Königgrätz liegen. Als ich zuletzt in Triest war, sagte mir ein Wirt: „Warum lebst Du in Berlin?! Berlin ist doch überhaupt nicht schön. Berlin ist schrecklich. Ich mag Berlin nicht. Ich verstehe die Menschen dort nicht. Ich mag das alte Österreich-Ungarn. Ich mag Prag, Wien, Budapest. Das ist meine Welt. Unsere Welt, die verstehe ich." Ich sitze in Lomnice auf dem Friedhof und denke an die Stadt Triest, die Prag, Brünn oder Wien ähnelt, doch am Meer liegt. An der Adria. Ja, wenn man die ganzen Zusammenhänge sieht und spürt, wird man in Triest schnell zu einem Nostalgiker, zu einem historisch-hysterischen Verrückten, dem nicht zu helfen ist.

Lomnice liegt nicht am Meer. Doch Kaffee aus Triest wird hier auch heute noch serviert, so wie man in Triest böhmisches Bier trinkt. Lomnice liegt in einem seichten Tal des Baches Popelka, was man vielleicht als Aschbach übersetzen konnte. Petr Pýcha und ich sind jeweils auf einer Seite dieses Bachs aufgewachsen. Kein Meer, dafür haben wir ein paar Teiche, in denen man baden kann. Das machen wir auch. Wir baden nicht nur im Sommer, sondern auch im Winter, der hier lang ist, wie es bei Kafka in seinem Schloss-Roman steht. Lang und ungemütlich.

Mit Petr verbindet mich die Liebe zur Eisenbahn. Seine Mutter hat in Lomnice Fahrkarten verkauft. Uns verbindet auch die gleiche Grundschule. Auch das Schulgebäude scheint viel zu groß für diese kleine Stadt. Es ist viel größer als unser Stadtschloss. Ja, vielleicht hat man gedacht, dass Lomnice irgendwann fünfzigtausend Einwohner haben wird. Doch es waren bis heute nie mehr als fünftausend.

Ich sitze auf dem Friedhof und denke daran, wie ich als Jugendlicher schnell weg wollte. Es war mir alles zu klein. Ich wollte nichts wie weg von hier. Nach Liberec. Nach Prag.

Nach Zürich. Nach Berlin. Weg, weg, weg. Erst in den letzten Jahren kehre ich wieder gern hierher zurück. Vielleicht suche ich hier etwas, das ich in der Großstadt Berlin nicht habe. Vielleicht mehr Ruhe. Vielleicht das Bier, das hier besser schmeckt. Aber vielleicht suche ich gerade auch in Lomnice nach den alten Geschichten. Und danach, was man ist und was man mal war.

Deswegen gehe ich auch immer wieder auf diesen Friedhof, wo auch meine Toten liegen, meine Vorfahren.

Petr Pýcha lebt immer noch hier. Wir schreiben viel zusammen. Vor allem Hörspiele, aber auch Theaterstücke. Gerade eben haben wir ein Stück über Lomnice geschrieben, unser zweites, in dem die Stadt vorkommt.

Diesmal geht es um zwei Sportler, zwei ehemalige Skispringer. Sie sitzen auf dem Dach eines Plattenbaus und denken über das Leben nach. Und schauen sich die marode Skisprungschanze an.

Inspiriert hat uns auch ein Gespräch in der Kneipe *U Stadionu*. Hier treffen sich nicht nur Eishockeymenschen, sondern auch die ehemaligen Skispringer, deren Knie nach den vielen Jahren des Springens wehtun.

Ich schaue mich noch einmal um. So viele Geschichten. In einem Grab liegt ein Paar, das sich geliebt hat und heiraten wollte, doch die Eltern waren dagegen. So haben die beiden am Waldrand Gift genommen. Oder sie haben sich erschossen. So richtig weiß man es heute nicht mehr. Die beiden jungen Menschen liegen jetzt für immer in Liebe und Tod vereint im Grab.

Wenn ich mir das Grab anschaue, das im Schatten der

Friedhofskapelle steht, muss ich an das Grab aus Kafkas *Schloss* denken. Frieda, die im Roman Bier in einem Wirtshaus Bier zapft und sich in den Landvermesser K. verliebt, fühlt sich ein wenig hin- und hergerissen. Sie liebt K. Sie hasst K. Sie will nach Frankreich auswandern. Und dann doch bei ihm bleiben und das für immer. Und so stellt sich Frieda ein Grab vor, tief und eng, wo sie mit K. in einer Umarmung liegt und wo die beiden niemand mehr findet. Diese Szene haben wir auch mit der Kafka Band vertont.

Auf unserem Friedhof liegen auch einige Lomnitzer, die die SS Anfang Mai 1945, kurz vor dem Kriegsende, völlig sinnlos auf dem Marktplatz erschossen hat. Auch ein Pilot der Royal Air Force, František Truhlář, ist hier begraben. Ein großer Held unserer Stadt, der den Krieg überlebte und in Lomnice ein Jahr später verunglückte, als er mit einem Flügel seiner Supermarine Spitfire den Schornstein einer Fabrik berührte und abstürzte.

Ein Lokführer liegt hier, der ein tragisches Eisenbahnunglück nicht überlebte. Eine junge Frau liegt hier, die ich aus dem Schulbus nach Turnov kannte, die mit 17, so alt wie ich damals, nach einem Autounfall im Bach ertrank, wo der Wagen landete.

Und auch Jára liegt hier, der Cousin meiner Oma, der im Deutschen Reich im Krieg Zwangsarbeiter war, der von dort geflüchtet ist, sich bei seinen Eltern versteckt hat und an einer Blinddarmentzündung gestorben ist. Alle hatten damals Angst, den Arzt zu rufen, weil Jára, also Jaroslav wie ich, Angst hatte, dass er verhaftet und von den Deutschen erschossen wird.

The beautiful landscape of battlefields, cemeteries and ruins

Im selben Grab liegen auch meine Urgroßeltern und Großeltern. Meine Oma Zdeňka, die an Gott glaubte. Aber auch an den Kommunismus. Immer wieder sagte sie: „Ich bin eine schlechte Christin und eine schlechte Kommunistin." Ja, sie glaubte an die Partei, wenn auch nicht so sehr wie ihr Mann Josef, mein Großvater, der ein überzeugter Stalinist war. Und in dessen Haus sie drei Monate lang drei Kriegsgefangene versteckten, die aus einem der Todesmärsche entkommen waren, die im Winter 1945 durch das Böhmische Paradies getrieben wurden.

Deren Versteck wurde von einem Nachbarn verraten. Zum Glück ist nicht die Gestapo gekommen, sondern nur die tschechische Gendarmerie. Einer der Polizisten kam sogar zehn Minuten früher und hat sie vor der Razzia gewarnt. So konnten sich alle in den Wald flüchten. Bis auf einen. Mein Großvater war überzeugt, dass ihn die Polizisten gefunden haben. Und dennoch nichts unternommen haben.

Im Haus versteckte sich aber auch mein Urgroßvater, der es auch in den Wald schaffte. Der Urgroßvater, der auch wie Jára als Zwangsarbeiter in Deutschland gewesen war. Nachdem Bremerhaven bombardiert wurde, flüchtete er nach Böhmen. Ich glaube zumindest, dass er in Bremerhaven war. So hat es mir mein Großvater Josef erzählt.

Einmal muss ich es aufschreiben. Oder auch nicht.

Mein Großvater hat mein Interesse für die deutsche Sprache nicht verstanden. Ich glaube sogar, dass es ihm missfallen hat. Er hat die Sprache gehasst. Für ihn waren die Deutschen verdächtig. Man könne ihnen nicht vertrauen.

„Die bösen Deutschen sind in der Bundesrepublik, die

guten in der DDR, doch auch bei denen muss man aufpassen", sagte er mir einmal.

Sein ganzes Leben lang arbeitete er in der LPG, die er auch kurz leitete. In seiner Pension arbeitete er dann mit Holz. Im Unterschied zu mir war er sehr geschickt.

Ich glaube, mein Opa hat nie ein Buch gelesen. Und meine Oma auch nicht.

Einmal fragte er mich, wie ich schreibe, wie ich zu meinen Figuren komme.

„Ich weiß nicht. Einfach so."

Wir saßen im Garten auf einer Holzbank, die er gezimmert hat.

„Aber warum machst du das. Warum schreibst du?"

„Ich weiß nicht. Warum arbeitest du mit Holz? Deine Holzvasen, Holzteller, die du auf der Drehmaschine drechselst, warum machst du es?"

„Weil es mir Spaß macht. Weil ich Holz mag. Weil ich was machen muss."

„Vielleicht ist es bei mir ähnlich."

Es sind vor allem Denkmäler und Gräber, die nach dem Krieg 1866 im Böhmischen Paradies geblieben sind, in dieser malerischen Landschaft. Auch hier in Lomnice, nur ein paar Schritte von unserem Familiengrab entfernt. Man sieht deutsche, tschechische, italienische und auch slowenische Namen. Alle ruhen heute hier in Lomnice nad Popelkou.

Ja, „the beautiful landscape of battlefields, cemeteries and ruins", wie Winterberg in *Winterbergs letzte Reise* sagt. Alles so schön, doch alles auch so schrecklich. Ein Betrug. Eine Täuschung. Warum sagt er aber diesen Satz auf Englisch?

Ich habe es mir aus einem englischsprachigen Baedeker für Böhmen ausgeliehen, dessen Autor ich leider nicht kenne.

Der Engländer besuchte um das Jahr 1900 auch Jičín und die Umgebung. Und auch einen Friedhof. Er schaute auf die Soldatengräber und dann herauf zu einer Burgruine, vermutlich Trosky, und sagte, tief berührt, „what a beautiful landscape of battlefields and ruins."

Als ich es in dem Buch fand, war ich auch sehr ergriffen. Und dachte mir, ja, unser Mitteleuropa, so ist es, alles so malerisch schön. Alles so unmalerisch schrecklich und düster. Der Nebel des Krieges überall. Der Hass. Das Leiden. Die Engel der Zerstörung. Die Erde kann die Toten nicht verdauen, sie muss sich übergeben. Die Toten kommen immer wieder zurück, sie wollen mit uns sprechen, uns etwas erzählen.

So ist für den Roman die Figur des Engländers entstanden. Der einzige Mensch, der den verrückten, an den historischen Anfällen leidenden Wenzel Winterberg versteht.

Wenn man das Schlachtfeld bei Königgrätz besucht, sieht man nicht nur viele Denkmäler, einzelne Gräber und Massengräber, sondern auch immer noch die einstigen Stellungen der österreichischen Artillerie. Die war eigentlich der preußischen überlegen. Und dennoch verwandelte sie sich in die traurige *Batterie der Toten,* wie das Gemälde des berühmten böhmischen Schlachtenmalers Václav Sochor heißt, das sich Winterberg im Heeresgeschichtlichen Museum im Wiener Arsenal anschaut. In diesem Katastrophenmuseum, wie er sagt.

Wenn man am Abend nach der Wanderung über das

Schlachtfeld in Chlum, wo sich die Österreicher und Sachsen befestigt hatten, in die Kneipe einkehrt und nach dem 3. Juli 1866 fragt, fangen die Männer beim Bier sofort an zu erzählen, als wäre alles gestern gewesen.

Die Männer würden auch wissen, warum es in Berlin-Kreuzberg eine Gitschiner und eine Skalitzer Straße gibt, denn hier überall haben die Preußen 1866 über die Österreicher und über die Sachsen gesiegt.

Früher gab es in Kreuzberg auch eine Königgrätzer Straße. Die wurde allerdings umbenannt. Heute heißt sie Stresemannstraße, nach dem Reichskanzler und später auch Reichsminister des Auswärtigen der Weimarer Republik Gustav Stresemann.

Stresemann ist jetzt mein Nachbar. Der Politiker ruht auf einem der vier Friedhöfe in der Bergmannstraße. Er ist mein Nachbar, so wie die toten Soldaten der k.u.k. Armee, die auf dem weitläufigen Militärfriedhof am Columbiadamm liegen. Darunter auch viele Böhmen.

Ich weiß nicht, wie lange Theodor Fontane in Lomnice an jenem Sommertag des Jahres 1866 verweilte. Sehr lange war es vermutlich nicht. Fontane eilte aus Lomnice zurück nach Jičín, wo es Wein und ein großartiges Abendessen mit mehreren Gängen gab.

Er bewunderte noch das Spiel des Lichtes und der Wolken auf dem Marktplatz, das man sich auch heute noch anschauen kann, wenn der Marktplatz nicht vollgeparkt ist. Er aber sah Menschen, die Särge über den Marktplatz zur Kirche trugen. Und kurz danach fuhr Fontane Richtung Königgrätz weiter. Richtung Schlachtfeld.

In Lomnice war er vermutlich nur auf dem Marktplatz und im Lazarett. Den Friedhof besuchte er ganz sicher nicht. Doch ich weiß, dass der schwerverwundete Soldat aus Brandenburg, der im Sterben lag und kurz nach dem Besuch von Fontane auch verstarb, Herrmann Öhlke hieß. So steht es auf einem Kreuz geschrieben.

Es kann aber auch sein, dass ich mich irre. Denn im Gras liegen zwei weitere Gräber mit toten Preußen. Doch die Inschriften in dem gelben Sandstein sind schon lange verwittert und nicht mehr lesbar.

Es ist still auf unserem Friedhof. Ich höre ein Summen. Es sind die Bienen, die sich in die Lindenblüten verliebt haben. Wie schmeckt wohl dieser Friedhofshonig? Vermutlich ganz gut. So viele Geschichten, so viel Geschichte.

III.

Das perfekte Gulasch und Der Ring des Nibelungen

Ich sitze in der Küche und muss wieder weinen – so wie immer, wenn ich in der Küche sitze und Zwiebeln schneide. Doch so muss es sein. Wenn man Gulasch kocht, muss man Opfer bringen. Die Küche ist der kleinste Raum unserer Berliner Wohnung. Ich sitze am Küchentisch mit dem Messer in der Hand und höre Radio. Währenddessen neigen sich in Bayreuth die Festspiele dem Ende zu. Im Festspielhaus steht heute Abend die *Götterdämmerung* auf dem Programm, der vierte und längste Teil des *Ring des Nibelungen* von Richard Wagner. Vorspiel und drei Aufzüge.

Und bei mir steht Gulasch auf dem Programm. Gulasch für Gäste, die morgen kommen werden. Ich schneide erst die Zwiebeln und dann das Fleisch. Die Zwiebeln schneide ich ganz fein, das Fleisch wiederum sehr grob, in große blutige Stücke, die ich noch ein wenig ruhen lasse, bevor es weitergeht.

So wie ich ein Eisenbahnmensch und ein Buchmensch bin, bin ich auch ein Gulaschmensch. Schon als Kind habe ich gerne gekocht. Nachdem ich eine Brille bekommen habe und klar wurde, dass ich nicht zur Eisenbahn gehen kann, um Lokführer oder Fahrdienstleiter zu werden, habe ich kurz mit dem Gedanken gespielt, Koch oder Kellner zu werden. Doch dann schickten mich meine Eltern lieber auf's Gymnasium. Später habe ich in Liberec Germanistik und Geschichte studiert. Zu Hause besitze ich nicht nur eine Sammlung alter Kursbücher, sondern auch an Kochbüchern.

Ich mache den Herd an. Manche schwitzen die Zwiebeln in Butter an, ich lieber in Schweineschmalz. Öl sollte man unbedingt meiden. Sehr schnell gebe ich Paprika dazu, süß und zugleich scharf. Dann kommt das Rindfleisch und zwei Knochen. Ich lasse es scharf anbraten. Dann gebe ich Wasser hinzu und lasse die Flamme am Herd herunterfahren. Später gebe ich noch zwei Tomaten dazu. Und das war's.

Im *Ausgeschossenen Auge*, wie das Lokal im Prager Arbeiterviertel Žižkov heißt, gibt es überraschenderweise kein Gulasch. Stattdessen werden Wasserleichen zum Bier gegessen. Die schon erwähnten blassen, in Essigsud eingelegten Würstchen, die tatsächlich wie jene Wasserleichen aussehen, die man immer wieder aus der Moldau fischt.

Jaromír 99 und ich haben uns in dieser Kneipe früher oft getroffen, als wir noch in der Nähe gewohnt haben. Es waren lange Abende. Einmal erzählte ich Jaromír von meinem Großvater Alois, der bei der Eisenbahn als Weichensteller gearbeitet hat. Ich wollte ein Buch über ihn schreiben. Über einen einfachen Mann, der im Zweiten Weltkrieg am Bahnsteig steht, Weichen für die Züge stellt und wahnsinnig wird, als ihm klar wird, wohin die Züge auch fahren. An die Front. Nach Auschwitz. In die Vernichtung und Vertreibung. Ins Vergessen.

Alois Nebel sieht im Nebel, der ihn immer wieder einhüllt, die Geister der Vergangenheit. Die einzige Sicherheit geben Alois Fahrpläne, die er auf dem Klo aufgestapelt hat und die er rauf und runter liest. Wie ein Besessener.

Jaromír 99 hat die Idee gefallen. Er hat mir vorgeschlagen, dass wir die Geschichte als eine Graphic Novel machen können. Ich schreibe, er zeichnet. Der erste Alois-Nebel-Band, *Bílý Potok – Weissbach,* ist im *Ausgeschossenen Auge* entstanden. Wir haben erzählt, ich habe geschrieben, Jaromír skizziert. Mit dem ersten Teil unserer Trilogie, an die wir damals überhaupt noch nicht dachten, waren wir sehr schnell fertig. Der Name des Bandes kommt von dem Ort Bílý Potok im Isergebirge, unweit von Liberec. Ich kenne die Gegend gut. Doch Jaromír sagte, dass er nur sein Altvatergebirge zeichnen kann. Die Gegend, wo er aufgewachsen ist. Und so haben wir die Geschichte dorthin verlagert. Der Name des Ortes ist geblieben und der Nebel passt gut zu den tiefen Tälern, dem dichten Wald und der verdrängten Geschichte. Was wir nicht bemerkten, war, dass man das Wort Nebel auch rückwärts lesen kann. Leben im Nebel. Nebel im Leben.

Nach dem ersten Teil folgten zwei weitere, viele Kurzgeschichten und 2011 auch der Film von Tomáš Luňák. Als Soundtrack würde ich die Band Priessnitz von Jaromír empfehlen, die die Landschaft und Geschichten besingt.

Ein Gast meldet sich, der morgen zum Essen kommt. Als ich sage, dass ich Gulasch koche und dabei die *Götterdämmerung* höre, sagt er, dass man Wagner vermutlich nur so ertragen kann. Wenn man dabei Gulasch kocht.

„Warst du überhaupt mal in Bayreuth?“, fragt mich der Freund.

Die Götterdämmerung in der Unterwelt

„Von Bayreuth kenne ich leider nur den Bahnhof. Eine Durchreise. Ich bin nicht ausgestiegen. Und das Bier kenne ich auch."

„Das Bier ist nicht schlecht."

„Finde ich auch. Es gibt Schlimmeres. Mehrmals bin ich aber auf dem Richard-Wagner-Platz hier in Berlin ausgestiegen. Auf dem Bahnhof hängen alte Bilder aus verschiedenen Aufführungen von Wagner, wie in einem Museum. Einmal saß ich da zwei Stunden lang, habe Bier aus Bayreuth getrunken und Wagner gehört. Das war sehr schön."

„Die Züge müssen doch laut sein."

„Das kann doch Wagner auch. Und am Abend hat man in den Pausen zwischen den Zügen Ruhe für seine Aufzüge."

„Warum tust du dir das mit Wagner bloß an …"

„Ich weiß nicht, ich mag es einfach. Gulasch kochen und Wagner hören."

Beim Kochen lese ich auch viel. Man kann sogar beides. Musik hören und lesen. Und dabei noch kochen. So sitze ich in meiner Küche und lese *Alte Meister* von Thomas Bernhard und weiß schon wieder nicht, ob ich lachen oder weinen soll. Oder beides.

Wie meinen Vater begleitete auch mich der Švejk von Jaroslav Hašek schon mein ganzes Leben lang. Dann kam Bohumil Hrabal mit seinen Erzählungen. Und irgendwann kam auch Thomas Bernhard. Seine Theaterstücke, doch vor allem Romane wie *Alte Meister*, *Wittgensteins Neffe* oder *Holzfällen*. Wenn ich auf Reisen gehe, nehme ich immer eins von diesen Büchern mit. Als etwas mir sehr Vertrautes. Als Beruhigungsmittel. Als Suchtmittel. Als Absicherung. Wenn es mir nicht gut gehen sollte, habe ich ein Buch dabei, das ich über alles mag. Nicht alle Freunde verstehen diese Vorliebe für Thomas Bernhard, doch ein Freund ist da ganz wie ich. Oder noch schlimmer. Denn er möchte mit seiner völlig zerlesenen Ausgabe von *Alte Meister* einmal begraben werden.

Ich stehe auf, höre Wagner und lausche dem Gulasch beim Kochen und denke daran, wie in der Sauna in Jičín mal ein heftiger Gulaschstreit entflammte. Es ging darum, welches Gulasch das beste Gulasch auf der ganzen Welt sei. Und auch darum, wem eigentlich Gulasch als Nationalgericht gehört.

„Es ist doch unser Gulasch."

„Ja, aber warum heißt es dann manchmal Wiener Gulasch?"

„Oder Ungarisches Gulasch?"

„Oder Szegediner Gulasch?"

„Eigentlich ist Gulasch ein türkisches Gericht."

„Wem gehört also das Gulasch?"

„Das Gulasch gehört dem, der es gekocht hat und basta", sagte schließlich der Frauenarzt, der Älteste und Vernünftigste von uns.

Worin sich die Männer einig waren, war, dass ein gutes Gulasch viel Zeit braucht. Man darf sich nicht beeilen.

Da passt die Länge der Aufführung der *Götterdämmerung* wunderbar dazu. Viereinhalb Stunden Wagner. Viereinhalb Stunden Gulasch. Mit den Pausen zwischen den Aufzügen sind es vielleicht sogar sechs Stunden. Ich gönne meinem Gulasch gerne alle Zeit der Welt, einmal habe ich das Gulasch auf niedriger Flamme sogar sechzehn Stunden gekocht, da kommt man schon auf die volle Länge von Richard Wagners *Ring*, von diesem „Bühnenfestspiel für drei Tage und einen Vorabend“, wie es sich Wagner ausgedacht hat.

Eigentlich wollte ich die *Götterdämmerung* heute nicht ganz hören. Mir reicht meistens ein Stück von Wagner, eine kleine Kostprobe. Dann brauche ich oft eine Pause und höre lieber Pop oder Rock. Den sogenannten alternativen Pop und alternativen Rock. Doch heute bleibe ich bei Siegfried, Brünnhilde, Alberich, Hagen und den Nornen und Rheintöchtern.

Gulasch ist ein perfektes Gericht. Alles so einfach. So rund. So toll. Man muss kein besonders guter Koch sein. Man braucht nur ein bisschen Zeit. Ein Gulasch taucht auch in einem Hörspiel auf, das ich 2009 mit Petr Pýcha für den tschechischen Rundfunk verfasst habe. Es heißt *Salzburger Gulasch* und das Gericht in unserem Kammerstück muss immer ein wenig versalzen sein, was vermutlich ganz furchtbar schmecken würde. Otto hat in Salzburg Musik studiert und ist äußerst selbstverliebt und unerträglich. Sein einziger Freund, der bodenständige Ladislav, konnte überhaupt nicht studieren. Ladislav ist vom Gymnasium geflogen, weil er sich über Stalin lustig gemacht hat. Es war Otto, der ihn verraten hat. Doch die beiden sind jetzt die einzigen Freunde, die einzigen Übriggebliebenen, denn die anderen sind längst verstorben. Sie treffen sich einmal im Jahr und suchen Streit und Versöhnung, Hass und Liebe, und essen das versalzene Salzburger Gulasch.

Mein Gulasch, das ich für meine Gäste koche, wird hoffentlich nicht versalzen schmecken. Ich salze eigentlich immer erst zum Schluss. Dann kommt auch der Pfeffer drauf.

Beim Kochen lese ich nicht nur Bücher, sondern auch Zeitungen. Ich bin ein Zeitungsmensch, wie ein Freund von mir sagt, der die Schlacht von Königgrätz im Herzen trägt und eine Vorliebe für alte Baedeker und Mitteleuropa hat.

Fast jeden Tag kaufe ich mir eine Zeitung, auch wenn ich unterwegs bin. Es ist mir dabei egal, ob die *Süddeutsche Zeitung*, *Frankfurter Allgemeine Zeitung* oder *Neue Zürcher Zeitung* aktuell oder eine Woche alt sind, wenn ich sie lese. Die Nachrichten bleiben hier aufbewahrt und die Geschichten auch. Ich lese auch verschiedene Eisenbahnzeitschriften wie *Modelleisenbahner* und *LOK Report*.

In der *Berliner Zeitung* habe ich 2001 eine der Figuren für den Roman *Der Himmel unter Berlin* gefunden, einen Lokführer der U-Bahn, einen Rekordhalter, der fünf Menschen überfahren hat und diesen Job immer noch weitermacht. So ist Günter entstanden, der melancholische Lokführer, der in den Tunneln, Schächten und auf den Bahnsteigen immer wieder die Geister der überfahrenen Menschen sieht und trifft – und etwas von Alois Nebel hat. Später durfte ich mit mehreren Lokführern darüber sprechen. Selbstverständlich hat mich auch interessiert, wie man mit dem Tod auf den Schienen umgeht, doch eine Antwort darauf habe ich nie bekommen. Das behält jeder für sich.

Auch der Protagonist meines ersten Romans, ein gescheiterter Geschichtslehrer aus Prag, lernt Geister zu sehen. Er ist nach Berlin geflüchtet, gründet hier eine Punkband, die er U-Bahn nennt, und verliebt sich in Katrin, die sich auch ein wenig verliebt und auch flüchten möchte. Von Berlin nach Island.

Wenn keine Musik und kein Radio spielen, ist es in unserer Küche sehr still. Und doch hört man immer etwas. Es kommt aus der Tiefe. Es ist eben diese U-Bahn aus dem Buch, in unserem Fall die Züge der Linie U6.

Als ich das erste Mal länger in Berlin war, war ich von dieser Unterwelt fasziniert. Berlin ist eine Stadt, die ständig im Begriff ist sich zu dehnen, zu bewegen, sich jede Sekunde neu zu schaffen. Berlin gehört zu den Städten, die in der Geschichte gelitten haben, an all dem menschlichen Wahnsinn, an der menschlichen Dummheit. Zwischen 2001 und 2002 wohnte ich in Prenzlauer Berg, im Osten der Stadt. Heute lebe ich in Kreuzberg, im ehemaligen Westen, an der Grenze zu Schöneberg und Tempelhof. Auch heute bin ich gerne mit der U-Bahn unterwegs.

Ja, die mir damals vollkommen unbekannte Großstadt Berlin, die Schienennetze, U-Bahnen, S-Bahnen und andere Eisenbahnen wie auch die Musikszene, das hat mich alles schon damals fasziniert. Und es fasziniert mich bis heute. Die Kraft der Geschichte. Die Kraft der Musik, die so viel Power trägt, dass sie die Berliner Mauer stürzen kann.

Ich saß damals in meiner Berliner WG, schaute auf ein abgebranntes Haus auf der anderen Straßenseite und habe versucht zu schreiben. Auf dem Tisch hatte ich zwei Bücher, *Die Bafler* von Bohumil Hrabal und *Das Buch der lächerlichen Liebe* von Milan Kundera. Ich habe über Berlin geschrieben und schaute immer wieder in die beiden Bücher und dachte darüber nach, wie Hrabal und Kundera über Berlin schreiben würden.

Die beiden Bücher sind Erzählbände und vielleicht ist *Der Himmel unter Berlin* daher in Episoden erzählt. Vielleicht hängt es auch damit zusammen, dass ich meine ersten Texte in der Literaturbeilage *Salon* der Tageszeitung *Právo* veröffentlicht oder zuerst als Skizzen an meine Prager Freunde verschickt habe. Ich wollte, dass das Buch *U-Bahn* heißt, *Der Himmel unter Berlin* war für mich nur der Arbeitstitel. Doch so hießen auch die Texte in der Zeitung. Ich mag den Film *Der Himmel über Berlin* von Wim Wenders sehr, mit dessen Figuren ich in dem Buch ein wenig ins Gespräch kommen wollte. Die Engel leben bei mir nicht oben, sondern unten. Und es sind die Geister der Toten, die die U-Bahn überfahren hat. Die Selbstmörder. Die Verunglückten. Sie suchen den Ausweg aus der Unterwelt.

Wenn ich koche, koche ich langsam. Wenn ich schreibe, schreibe ich schnell. Ich brauche etwas Anlauf. Ich muss wissen, wie die Geschichte anfängt und wie sie endet. Eigentlich muss ich die ganze Geschichte bereits im Kopf haben. Und dann setze ich mich hin und schieße los. Ich kann überall schreiben. Im Zug. In der Kneipe. In einem Café. Auf einem Friedhof. Ich kann mich gut isolieren. Und doch schreibe ich am liebsten in unserer Küche.

Beim Schreiben kann ich Musik hören. Das tue ich sogar ganz bewusst. Zu jedem Buch ist ein Soundtrack entstanden. Ich suche in der Musik die Stimmung, die Atmosphäre und selbstverständlich auch den Rhythmus. Ein gutes Buch sollte ein sehr musikalisches Buch sein. Der größte Musikkomponist unter den Autoren, die ich gerne lese, ist Thomas Bernhard. Aber auch Bohumil Hrabal findet für seine Geschichten immer einen passenden musikalischen Grundton. Hrabal ist leiser als Bernhard. Leiser und feiner und den Menschen mehr zugewandt als Bernhard.

Ich arbeite mit dem Text wie mit einer Musikkomposition. Ich arbeite mit Wiederholungen von Motiven und Wörtern. Ganze Sätze und Absätze werden wiederholt. Winterberg wiederholt sich ständig, er ist, fürchte ich, dadurch fast unerträglich. Was nicht zuletzt damit zusammenhängt, dass er sich in seinem Erzählen, in diesem Nebel von Geschichten und Geschichte, verliert und immer wieder neu ansetzen muss. Wie ein Musiker. Oder wie der Dirigent, der vor seinem Orchester im Bayreuther Festspielhaus steht und die Musiker anleitet.

Das Fleisch für mein Gulasch kaufe ich immer in der Markthalle in der Bergmannstraße. Je nach Größe drei, vier Stücke Beinfleisch. Am Anfang habe ich in Berlin den Fehler gemacht, dass ich für das Gulasch das Fleisch gekauft habe, das in Berlin als das beste Gulaschfleisch angeboten wird. Ein viel zu zartes Fleisch, das nach einer Stunde zerfällt. Die Deutschen möchten mit dem Gulaschkochen schnell fertig sein. Doch so ein Gulasch schmeckt mir nicht. Das Fleisch darf nicht zu fein und mager sein. Es muss schön durchwachsen sein. Ich kaufe immer Beinfleisch, gerne auch mit Knochen. Die Knochen werden mitgekocht.

Auf dem Weg von der Markthalle nach Hause trinke ich oft einen Espresso in der Bar *Los Angelitos*. So auch heute. Ein alter Bluesman kam auch vorbei. Eine Legende.

„Ich sterbe. Ich bin dement. Ich werde sterben. Ich muss doch jetzt sterben“, sagte er zur Besitzerin. Das sagt er immer. Der Bluesman ist über achtzig und eigentlich ist er unsterblich. Am Abend spielt er dann in einer Kellerspelunke drei Stunden lang Blues. Vielleicht hilft ihm die Musik gegen das Altwerden und gegen den Tod, so wie einem anderen das Erzählen gegen den Tod hilft. Und gegen die Demenz.

Blues mag ich auch. Obwohl ich eher der klassische Fan von Indiepop und Alternativpop bin. An Platten der Bands wie The Cure, The Smiths oder Joy Division war in der sozialistischen Tschechoslowakei nicht einfach ranzukommen. Im Radio wurden sie nicht gespielt. Dafür im polnischen Radio. Und wie durch ein Wunder konnten wir im Böhmischen Paradies auch den österreichischen Sender Ö3 empfangen. Mein Vater, gelernter Elektrotechniker, sagt, dass die Luft damals sauber war, zumindest was die Radiowellen angeht. So ist das Signal aus Wien zu uns durchgedrungen – und das in Stereoqualität.

Bei Thomas Bernhard wird viel Musik gehört, vor allem Jazz und Klassik. Und in seinen Büchern und Stücken wird auch viel gegessen und gekocht. Viele der Speisen sind mir sehr vertraut. Kein Wunder. In Mitteleuropa teilen wir uns nicht nur „the beautiful landscape of battlefields, cemeteries und ruins“, das endlose Leiden an Geschichte, ein gut ausgebautes Eisenbahnnetz und eine ausgeprägte Bierkultur, sondern auch das Essen. Als Böhme ist man auch Suppenesser, Rindfleischesser oder Blutwurstesser wie ein Österreicher.

Neulich schaute ich mir im Prager *Divadlo na Zábradlí*, dem Theater am Geländer, in dem in den Sechzigern die ersten Stücke von Václav Havel uraufgeführt worden sind, eine Bühnenfassung von *Holzfällen* an. Hier geht es auch ums Essen, um das sogenannte „künstlerische Abendessen“. Gulasch wird nicht serviert, das wäre für die feine Gesellschaft wohl zu gewöhnlich. Es gibt Zander. Doch vorher muss noch der Burgschauspieler kommen, auf den die Gäste warten.

Schon vor etwa zwanzig Jahren habe ich im Theater am Geländer *Der Theatermacher* gesehen, zweimal hintereinander. Und danach noch *Heldenplatz*. Wenn ich mich recht erinnere, wurde in den Neunzigern in Prag niemand so oft aufgeführt wie Thomas Bernhard. Und gerade feiert die Theateradaption von *Holzfällen* hier auch große Erfolge.

An dem Abend hat das Publikum über die dargestellten Abgründe während des „künstlerischen Abendessens" viel gelacht. Ja, sogar lauthals gebrüllt. Das Publikum schien sich sehr gut unterhalten zu haben. Bis auf unsere Freundin aus Polen, die neben uns saß. Sie hat überhaupt nicht gelacht.

„Ihr Tschechen erzählt alles als Komödie, das ist doch schrecklich."

„Ist es auch."

„Warum hast du dann gelacht, wenn du es auch schrecklich findest?"

„Weil es so schrecklich ist, was Bernhard schreibt. Schrecklich und amüsant zugleich."

„Nein, ist es nicht. Es ist nur schrecklich. Es geht nur darum, andere Menschen niederzumachen. Es geht um Tod und Selbstmord. Menschenhass. Dass die Menschen schrecklich sind."

„Ja, das sind sie. Und trotzdem kann man lachen."

„Wenn Thomas Bernhard in Polen aufgeführt wird, lacht niemand. Über diese einzige verstörende Zerstörung kann man doch nicht lachen. Nur jemand ohne Empathie kann da lachen."

„Wenn du das so sagst, muss ich jetzt auch lachen.“
„Ach ja?“
„Bernard, Kafka, Hašek … das sind doch vor allem Humoristen.“
„Hašek ja, aber Kafka?“
„Ja, Kafka auch, natürlich. Alles so grotesk.“
„Ihr Tschechen seid verloren. Eine einzige Groteske.“
Und dann haben wir doch noch alle gemeinsam gelacht.

In Polen habe ich oft Gulasch gegessen. Manchmal wie in einer Tasche aus Kartoffelpuffer verpackt. Cordon bleu polnischer Art. Wenn ich in Polen bin, suche ich immer eine Bar namens *Mleczny* auf. Nur ist der Name, *Milchbar* auf Deutsch, irreführend. In diesem Schnellrestaurant wird klassische polnische Küche serviert. Gut und günstig.

In Polen fühle ich mich immer wohl. Ich verstehe die Sprache und kann sie auch ein wenig sprechen, obwohl ich vermutlich eine Mischung aus Tschechisch, Slowakisch und Polnisch spreche. Die Polen lachen viel über uns Tschechen. Allein wegen der Sprache, die sich für Polen wie eine Kindersprache anhört. Vermutlich weil wir so viele Buchstaben so weich aussprechen und dabei fast singen.

Ich mag auch polnische Literatur, vor allem Olga Tokarczuk, Andrzej Stasiuk und Pawel Huelle. Tokarczuk wohnt in einem Dorf an der Grenze zu Böhmen und geht oft nach Broumov ein Bier trinken. Jaromír 99 und ich waren von ihren Romanen *Ur und andere Zeiten* und *Taghaus, Nachthaus* begeistert, zu der Zeit, als wir in Prag im *Ausgeschossenen Auge* Bier getrunken und an Alois Nebel gearbeitet haben. Auch Stasiuk hat uns sehr inspiriert, vor allem sein schmaler Erzählband *Galizische Geschichten* aus der Welt hinter dem Duklapass, wo viele Geister aus der Vergangenheit mit den Menschen leben. Vielleicht sieht Alois Nebel auch deswegen Geister.

Und Pawel Huelle aus Gdańsk hat mit *Mercedes Benz* die schönste Hommage an Bohumil Hrabal geschrieben, der in Polen als Held gefeiert wird, ja fast wie ein Nationalschriftsteller. Immer wieder werde ich in Polen nach Hrabal gefragt.

In Brno, wo Hrabal geboren wurde, habe ich einen alten Freund, der auch gerne kocht, als Buchhändler in Brno arbeitet und Richard Wagner verehrt. Sicher wohnt er heute auch der *Götterdämmerung* bei.

Einmal habe ich mit ihm im Laden die ganze Nacht Wagner gehört. Wir haben Wein getrunken, Speck und Käse gegessen.

„Dreimal habe ich es schon geschafft, mir den ganzen Ring anzuhören. Das *Rheingold. Die Walküre. Siegfried.* Und *Götterdämmerung*. Etwa sechzehn Stunden Musik waren es. Ich wollte es endlich als Ganzes hören und verstehen. Und ich war schon sehr, sehr nah dran. Ich hatte es schon fast verstanden, diese ganze musikalische Pracht, diesen ganzen musikalischen Wahnsinn. Doch dann war es wieder weg … Es war einfach weg."

Das Gulasch kocht und Wagner spielt, alles sehr dramatisch und ernst und ganz ohne Humor, und ich denke daran, wie Jaromír 99 und ich in Polen fast verprügelt worden sind. Der Grund dafür war der tschechische Humor. Wir saßen nach

Die Spuren der Monarchie im Bahnhof von Liberec, 2022

der Premiere von Alois Nebel in einer Bar im stalinistischen Kulturpalast in Warschau. Und irgendwie ging es wieder um uns Tschechen und unseren Humor:

„Ihr Tschechen, ihr könnt über alles lachen, über Gott, über den Tod. Das können wir Polen nicht. Wir sind zu ernst."

„Ja", sagte ich, „ich kann sogar die tschechische Nationalhymne auf Deutsch singen. Auch das finden wir lustig."

„Nicht wirklich?!"

„Doch."

Und so fingen Jaromír und ich an, die tschechische Nationalhymne auf Deutsch zu singen. Die Fassung gibt es tatsächlich. Man hat die Nationalhymne 1918 auch für die deutschsprachigen Böhmen und Mähren übersetzt.

Wie die polnischen Freunde daraufhin nicht gelacht haben!

Doch dann sagte einer von uns, dass wir auch die polnische Nationalhymne singen können. Und das auf Polnisch. Wir stimmten die erste Strophe an. Doch das war keine gute Idee. Das kam überhaupt nicht an. Alle polnischen Freunde, die vorher noch so sehr gelacht hatten, starrten uns streng an.

Und eine Studentin, die vorher am meisten gelacht hatte, sagte: „Das ist überhaupt nicht witzig. Das darf man nicht. Das ist wie Gotteslästerung."

„Doch, man kann eigentlich alles."

„Nein, das darf man nicht!"

Zwei Jungs fanden unseren musikalischen Wurf auch nicht gelungen und wollten uns verprügeln. Irgendwie schafften wir es doch, die Wogen zu glätten, und gingen dann, von allen zurückgelassen, ganz allein über den riesigen

Platz mit dem hohen stalinistischen Kulturpalast, der auf uns zu stürzen drohte. Ja, der uns drohte. Stalin in Warschau. Es war Februar. Es war sehr kalt. Es schneite.

Jetzt haben wir Sommer. Ich stehe auf und rühre das Gulasch ein wenig um. Es ist warm in der Küche. Eigentlich ist Gulasch kein Sommeressen, sondern eher ein Winteressen. Doch ich habe Lust auf Gulasch. Und meine Freunde auch. Darunter einer aus St. Gallen, der gerade in Berlin zu Besuch ist, der immer einen Espresso mit Grappa nach dem anderen trinkt, wenn er traurig ist, und morgen auch kommt. Ich muss ihn bitten, dass er mir nächstes Mal, wenn ich in St. Gallen bin, die Feuerhalle zeigt, damit ich sie mit der Feuerhalle in Liberec vergleichen kann. Er freut sich auf mein Gulasch, das es im *Perronnord* nicht gibt.

Ich höre die *Götterdämmerung*. Ich höre das Gulasch kochen. Und ganz leise höre ich aus der Tiefe die U-Bahn.

So wie die Zwiebeln, Sehnen und das Fett die Masse im Topf binden und zusammenhalten, sind es in Berlin die Schienen der U-Bahn und S-Bahn. Das gilt für ganz Europa. Wenn man sich die Eisenbahnkarte Europas anschaut, sieht man es sofort. Und für unser Mitteleuropa gilt dies noch vielmehr. Mit nur einmal Umsteigen kommt man auch heute noch von Triest nach Lwiw. Unterwegs hat man viel Zeit, um über die Orte aus dem Baedeker für Österreich-Ungarn von 1913 zu lesen, den ich immer dabei habe, wenn ich durch Mitteleuropa reise. Es fasziniert mich, wieviel bis heute davon geblieben ist. Ja, in Böhmen heißen jetzt die Hotels nicht mehr *Zum Kaiser von Österreich*, doch sie stehen immer noch. So wie das *Grandhotel Goldener Löwe* in

Reichenberg, in Liberec. Hier war das Gulasch immer ein wenig angebrannt. Eigentlich ungewöhnlich für das noble Haus, doch ganz nach dem Geschmack des Chefkochs.

Ich hatte das Buch schon fertig, als ich nach Liberec gefahren bin. Ich hatte längst diese ganze verrückte Reise, die Winterberg und sein Sterbegleiter Kraus gemacht haben und wo auch Gulasch gegessen wird, schon hinter mir.

Ich war mit dem Baedeker von 1913 für Österreich-Ungarn auf den Spuren der Geschichte in Sarajevo. Ich war in Brno. Ich war in Budapest, Zagreb, Wien, Bad Ischl und auch in Linz. Ich trank Bier in Pilsen und auch in Budweis. Und selbstverständlich war ich auch auf dem Schlachtfeld bei Königgrätz. Und in Vimperk, in Winterberg. Lange wusste ich nicht, dass diese Stadt einst Winterberg hieß. Davon hat mir Christian Thanhäuser erzählt, mit dem ich viel im Böhmerwald unterwegs bin. Zu Besuch bei Adalbert Stifter in Oberplan. Auf ein Bier und Gulasch in Aigen-Schlägl. Oder eben in Vimperk, in Winterberg. Und so habe ich die Hauptfigur umbenannt. Ursprünglich sollte Winterberg den Familiennamen *Schnee* tragen.

Bei meinen Reisen habe ich rausgefunden, dass der Baedeker von 1913 die Geschichte und damalige Zeit für die heutigen Leser eingefroren hat. Und dass das kleine rote Buch Mitteleuropa und seine Geschichten über „the beautiful landscape of battlefields, cemeteries und ruins“ auch heute noch beisammenhält und alle Unterschiede nichtig macht. Ähnlich erging es mir, als ich *Die Welt von Gestern* von Stefan Zweig gelesen habe. Oder *Radetzkymarsch* von Joseph Roth.

Was mir noch für meine Recherche gefehlt hat, waren Liberec und die Feuerhalle.

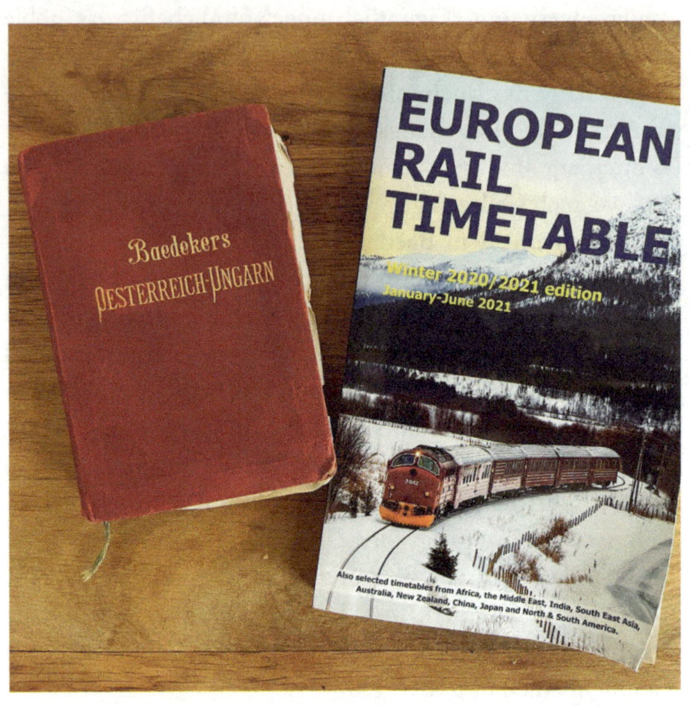

„Baedekers Oesterreich-Ungarn" und Kursbuch für die Welt

Vielleicht habe ich damals so lange gezögert, da ich die Stadt sehr gut kenne. Ich habe in Liberec, in Reichenberg, studiert und gelebt und während des Studiums zwei Jahre lang auch in dem schönsten Hotel der Stadt gearbeitet, im *Grandhotel Goldener Löwe*, das auch im Baedeker von 1913 empfohlen wird.

Das war kurz nach der Samtenen Revolution. Es war die Zeit, als nach Liberec viele Deutsche kamen, die aus Liberec und der Umgebung stammten. Manchmal war es lustig. Oft war es aber sehr traurig. Die Deutschen brachten Erinnerungen mit und suchten nach ihrer Jugend. Nach den alten Geschichten. Nach den alten Lieben und dem alten Leben. Nach den Freunden und Freuden. Nach den alten Häusern. Doch alles hat die Zeit zersprengt. Alles war wie im Nebel. Die Geschichten waren weg und die Häuser oft verfallen oder sogar abgerissen. Alles eine einzige Täuschung. Doch einige hatten Glück und wurden von den Menschen, die jetzt in den Häusern leben, auf einen Kaffee eingeladen.

Ich sprach schon damals ganz gut Deutsch und habe so viele Geschichten gehört und gesammelt, obwohl ich damals nicht wusste, dass ich sie aufschreiben werde. Ich las den Roman *Ich habe den englischen König bedient* von Bohumil Hrabal und fühlte mich ein wenig wie ein Teil von diesem Buch. Alles schien so lebendig. Alles war da. Wir hatten ein Gästebuch. Karel Gott kam mehrmals hierher, einmal auch Gagarin. Der Kaiser Franz Joseph, Tomáš G. Masaryk, Edvard Beneš, aber auch Heinlein und Hitler. Und dann die ganzen Kommunisten.

Meine Aufgabe war es, nicht nur die Koffer zu tragen und die Türen zu öffnen, sondern manchmal auch zu übersetzen. Nicht nur für die Gäste, sondern auch für die Damen, die hier auf die Gäste warteten. Ja, es war schier unglaublich, doch diese Damen waren auch ein Teil dieses noblen Hotels, genauso wie die Köchinnen, Kellner und die Kollegen und Kolleginnen von der Rezeption.

Oder wie der alte Heizer, ein kleiner Roma, der in der Tiefe des Hotels residierte, ganz tief unten vor einem riesigen Ofen, im Vorzimmer der Hölle. An den Wänden hingen Poster mit Werbung für Coca-Cola, Škoda, Formel Eins. Und Bilder von vielen nackten und halbnackten Frauen. Der Heizer saß auf einem alten Sofa, trank Bier und Rum und schaute stumm und fasziniert in das Feuer. Nichts hätte ihn stören können.

Einmal zeigte er mir seinen Rücken. Früher arbeitete er auf dem Bau, wo ihm eine Traverse aus Stahl auf den Rücken fiel. Niemand hat es für möglich gehalten, doch der Mann hat das Unglück überlebt. So hat er auf dem Rücken bis heute zwei lange Narben von den Kanten der Traverse. Wie zwei endlose Eisenbahnschienen sehen sie aus.

Jede Nacht musste ich dreimal das Hotel abgehen und nachsehen, ob alles in Ordnung war. Das Hotel schlief sehr unruhig. Es ächzte und krächzte überall. Seit meiner Zeit in diesem Grandhotel mag ich die alten Hotels, die an allen Ecken und Enden Geschichten erzählen. Und die man schon im Baedeker von 1913 findet.

Aus diesen vielen alten Geschichten ist in meinem Roman und Drehbuch *Grandhotel* die Figur des Franz entstanden, ein alter Mann, der mit der Asche seiner toten Freunde zurück nach Liberec kommt, um sie in der Stadt zu begraben. Und aus meinen Erfahrungen eines Portiers ist dann die Figur Fleischman entstanden, der die Stadt Liberec nicht verlassen kann. Das ist in der Tat nicht einfach. Man muss über die Berge klettern. Ich habe einen Freund, der es ganze Jahrzehnte nicht hingekriegt hat. Er war in Prag. Er war in Turnov. Er war in Mähren. Doch immer wieder kehrte er nach Liberec zurück. Jetzt wohnt er in einem Haus mit Blick auf den Hausberg Ještěd. Auch hier steht ein Hotel. Ein futuristisches Berghotel aus den 1970er Jahren, wo die Geschichte des Buches und auch des Filmes *Grandhotel* spielt.

Besonders fühlte ich mich mit der Geschichte und den Geschichten der Stadt verbunden, die oft im Nebel des Vergessens darauf warten, entdeckt zu werden. Mit dem Nebel und Regen und Schnee, die die Atmosphäre der Stadt ausmachen, so wie der süße und scharfe Paprika dem Gulasch die richtige Note verleiht.

Ich sollte Lokführer, Koch und danach Lehrer werden, doch bald wusste ich, anders als mein Freund Petr Pýcha, der immer noch als Lehrer arbeitet, dass ich das nicht kann. Schnell haben wir beide mit dem Schreiben angefangen. Für eine Musikzeitschrift. Für die lokalen und überregionalen Zeitungen. Ich schrieb vor allem über Musik und wollte Journalist sein.

Meine Magisterarbeit habe ich über die deutschsprachigen Zeitungen geschrieben, die in Liberec zwischen 1918 und 1938 erschienen sind. Bei deren Lektüre, bei den Spaziergängen durch Liberec wuchs ich mehr und mehr mit dieser Stadt zusammen. So wie Fleischman in meinem Roman. So wie Franz. So wie auch Winterberg.

Die Feuerhalle in Liberec, in Reichenberg – eine Errungenschaft der Freunde der Feuerbestattung

Im Kreisarchiv stieß ich nicht nur auf die weltoffene, liberale *Reichenberger Zeitung*, die viel mehr als nur ein regionales Blatt war, sondern auch auf eine Zeitung namens *Einäscherung*. Das war die Zeitschrift der Freunde der Feuerbestattung und der Reichenberger Feuerhalle, der ersten Feuerhalle in der damaligen k.u.k. Monarchie. Ich glaube, mehr als zwei Ausgaben habe ich damals nicht im Archiv gefunden. Vielleicht sind auch nie mehr als zwei Ausgaben erschienen.

Irgendwann bin ich auch auf den Architekten Rudolf Bitzan gestoßen, der aus der Nähe von Reichenberg stammte. Als Architekt hat er vor allem in Sachsen gebaut. In Dresden, in Freital und auch in Leipzig, wo er am ikonischen Bau des Hauptbahnhofs beteiligt war, an der wahren Kathedrale des Verkehrs. In Reichenberg baute er dann die Kathedrale des Todes. Die erste Feuerhalle in Österreich-Ungarn.

Eigentlich war die Feuerbestattung in der Monarchie verboten. Es war aber nicht verboten, Vereine zu gründen. So entstand in Wien ein Verein namens *Flamme*, ein Verein der Freunde der Feuerbestattung. Dieser Verein hat unter den vielen Mitgliedern Gelder gesammelt für den Bau einer ersten Feuerhalle. Doch die Freunde der Feuerbestattung hat man überall abgelehnt. In Wien. In Brünn. In Prag. Erst in Reichenberg, in Liberec, hatten sie Glück.

Die Stadt war mehr protestantisch als katholisch. Vielleicht lag es auch an der Nähe zu Deutschland und zu Sachsen, wo es schon längst ein Krematorium gab. Und so wurde schließlich in Liberec gebaut.

Gegen den Bau der Feuerhalle hat man in Österreich viel protestiert, dafür muss man sich nur die Zeitungen aus jener

Zeit anschauen. Im Sommer 1917 war so weit. Die Feuerhalle wurde im August eröffnet, noch mitten im Ersten Weltkrieg. Das Orchester des Reichenberger Stadttheaters veranstaltete das Kulturprogramm. Aufgeführt wurde die Ouvertüre von Richard Wagners *Parsifal*.

Im Oktober 1918 brach das alte Österreich-Ungarn zusammen. Neue Staaten entstanden, am 28. Oktober 1918 auch die Tschechoslowakei. Die Bürger von Reichenberg wussten nicht, wo sie hingehören wollten. Zur Tschechoslowakei? Zu Deutschland? Oder doch zu Österreich? Doch eins war sicher: Die Feuerhalle hoch über Reichenberg erwachte aus dem Dornröschenschlaf. Nur ein paar Tage später kam es zur ersten Einäscherung. Diese ist – so wie all die späteren auch – dokumentiert. Ich lernte einen Bestatter kennen, der mir alles zeigte und viel über den Tod in Liberec erzählte. „Es gibt keine schönen Leichen. Vielleicht nur die Frostleichen." Und bei schönem Wetter werden die Menschen geboren, bei schlechtem Wetter sterben die Menschen. Auch das habe ich gelernt.

Was ich bis dato nicht wusste, war, dass in Reichenberg die österreichisch-ungarische Monarchie mindestens ein paar Jahre weiterlebte, bis man 1922 die Feuerhalle in Wien Simmering baute. Leichen aus Wien, Wiener Neustadt, Graz und Villach oder aus Linz wurden mit der Eisenbahn nach Liberec gebracht, in ein anderes Land. Zurück fuhren die Urnen mit der Asche.

Wenn ich Liberec und die Feuerhalle besuche, muss ich seither immer an Wagner denken, an diese himmlische und unerreichbare, aber auch ein wenig fanatische und düstere Musik. Ich muss an die Wagnermenschen denken, die sogenannten Wagnerianer, die sicher keinen Spaß verstehen, wenn es um Wagner geht. Wagner und Humor, das passt nicht zusammen. Entweder buhen oder klatschen, aber vor allem: nicht lachen. Oder doch? Heimlich?

Es ist schon spät. Im Radio ist die *Götterdämmerung* in Bayreuth fast zu Ende. Dritter Aufzug, „Zurück vom Ring". Ich nehme einen kleinen Löffel und probiere den Saft und das Fleisch meines Gulaschs. Nicht schlecht. Nicht zu scharf, nur ein wenig. Das Fleisch ist weich, aber es ist nicht zerfallen. Das ist beim Gulaschkochen die höchste Kunst, glaube ich. Vor allem ist das Gulasch sehr kräftig geworden, was an den beiden Markknochen liegt, die mitgekocht wurden. Und es ist nicht versalzen, wie das Salzburger Gulasch aus dem Radiostück von Petr Pýcha und mir.

Die letzte U-Bahn schlängelt sich unter unserem Haus Richtung Mitte. Es ist die Zeit der Nachtbusse und Nachtgestalten.

Ich schalte den Gasherd aus und lasse das Gulasch über Nacht ruhen. Morgen wird es noch besser schmecken. Dann kommen die Gäste. Eigentlich wäre es besser, wenn sie erst übermorgen kommen würden, denn nach drei Tagen schmeckt das Gulasch nochmals deutlich besser. Das langsame Aufwärmen und Abkühlen tut der roten Fleischmasse gut. Doch es wird kein Übermorgen geben, zumindest nicht für das Gulasch. Denn das wird dann schon längst aufgegessen sein.

Auf ein Bier mit Jaroslav Hašek

An der Paris Lodron Universität Salzburg wurde 2008 eine Poetikvorlesung eingerichtet, die Stefan Zweig gewidmet ist und einmal jährlich eine Woche lang die Begegnung mit international renommierten Schriftstellerinnen und Schriftstellern ermöglicht. Im Mai 2021 war Jaroslav Rudiš zu Gast in Salzburg.

Für Stefan Zweig (1881–1942), der wesentliche Jahre in Salzburg gelebt hat, war die europäische Idee ein wichtiger Bezugspunkt seines literarischen Schaffens. Als Dozenten für die Poetikvorlesung werden Autorinnen und Autoren eingeladen, die daran anknüpfen und für die die Vermittlung zwischen den Kulturen ein zentraler Aspekt ihrer künstlerischen Arbeit ist.

Die *Salzburger Stefan Zweig Poetikvorlesung* ist eine Kooperation von Fachbereich Germanistik, *Stefan Zweig Zentrum Salzburg* und *Literaturforum Leselampe.*

Die Salzburger Stefan Zweig Poetikvorlesung bei Sonderzahl

Ilma Rakusa
Autobiographisches Schreiben als Bildungsroman
Band 1 (2014)

Feridun Zaimoglu
Selbstverschwendung (in drei Bildern)
Band 2 (2014)

Terézia Mora
Der geheime Text
Band 3 (2016)

Michael Stavarič
Der Autor als Sprachwanderer
Band 4 (2016)

Die Salzburger Stefan Zweig Poetikvorlesung bei Sonderzahl

Ann Cotten
Was geht
Band 5 (2018)

Doron Rabinovici
I wie Rabinovici. Zu Sprachen finden
Band 6 (2019)

Zsuzsanna Gahse
Andererseits.
Band 7 (2020)

Jaroslav Rudiš
Durch den Nebel. Drei Erzählungen über das Erzählen
Band 8 (2022)

Jaroslav Rudiš, 1972 in Turnov in der Tschechoslowakei geboren. Er studierte Germanistik, Geschichte und Journalistik in Liberec, Prag, Zürich und Berlin. Er arbeitete als Hotelportier, Lehrer und Journalist. Rudiš ist Autor zahlreicher tschechischer und deutschsprachiger Romane, Hörspiele, Theaterstücke, Kinodrehbücher, Essays und Musikprojekte. 2014 erhielt er den Usedomer Literaturpreis, 2018 den Preis der Literaturhäuser, 2020 den Chamisso-Preis und 2021 das deutsche Bundesverdienstkreuz am Bande. In besonderer Weise befasst sich Jaroslav Rudiš mit der Geschichte Mitteleuropas.

Zuletzt erschienen u. a.: Trieste Centrale *(Kreuzerbooks 2022);* Nachtgestalten *(mit Nicolas Mahler, Luchterhand 2021);* Gebrauchsanweisung fürs Zugreisen *(Piper 2021);* Winterbergs letzte Reise *(Luchterhand 2019)*